村岡 到 編

社会主義像の新探究

ロゴス

まえがき

アメリカと中国との経済対立が激化し、日本と韓国の関係もかつてない対立・緊張関係となってきた。八月に開かれたG7（主要国首脳会議）は、トランプ大統領による「自国ファースト」の台頭によって、一九七六年の創成いらい初めて「共同宣言」を発することが出来なかった。国際的にも資本主義はゼロ金利状態に露わなように深刻な事態に直面している。その情勢を背景に、アメリカでもイギリスでも「社会主義」への関心が起こりつつある。

アメリカでは来年の大統領選挙を前に「アメリカ民主主義的社会主義者」（DSA）が急成長している。同党は、大統領候補に名乗り上げている、民主党の上院議員バーニー・サンダースとも連携し、党員約五万人。また、EU離脱問題で揺れるイギリスでも党員五五万人でヨーロッパ最大の社会主義政党に成長した労働党のジェレミー・コービン党首が「社会主義」を掲げている。

残念ながら日本では、七月の参議院選挙でも社会主義が話題になることはなかった。日本共産党が「社会主義・共産主義社会」なる彼らだけの言葉をたまに口にすることがあり、二〇〇四年の綱領大改定について、「社会主義革命への転化の角度からの特徴づけをなくした」と強調した不破哲三氏が、この発言とは真逆に「資本主義と交替する次の社会」と言い出した程度である。

日本の現状はきわめて危機的とすらいえる。総務省の二〇一八年の「労働力調査」では、役員を除く雇用者五五九六万人のうち、正規労働者三四七六万人、非正規労働者二一二〇万人で、非正規労働者が占める割合が三七・九％になった。貧富の格差が拡大し、七人に一人が貧困にあえぎ、貧困率は先進国ではワースト八位である。また、国境なき記者団が毎年発表している世界報道自由度ランキング（二〇一七年）では七二番目でＧ７では最下位。女性の国会議員比率では二〇一八年は一九三カ国中一六五位で、Ｇ20で最下位である。

参院選の結果を受けて、安倍晋三政権に代わる政権が摸索されているが、そのためには、各党が政権構想を明らかにする必要があり、経済・外交・文化などでの政策が問われている。幸いなことに、八月下旬に共産党が他の野党に「政権構想」について論議しようと呼びかけた。さらにその不可欠の一環として、未来への展望についても明らかにしなくてはならない。この小さな本に論文を寄せた論者は、その展望を〈社会主義〉として考察・探究している。

大内秀明「共産主義《コミュニズム》から共同体社会主義《コミュニタリアニズム》へ」は、マルクスの研究を初期・中期・晩期と分けて検討し、「所有論的アプローチ」の限界をえぐり出し、晩期には「共同体社会主義」に到達していたと析出し、そこに初期の社会主義像とは異なる発展を見い出している。

岡田進「ロシアにおける社会主義への再挑戦」は、ソ連邦崩壊後のロシアの経済の実態とロシア人がソ連邦をどのように評価しているのかを明らかにし、なお社会主義を掲げて探究するグループの理論的営為を紹介している。

武田信照「ミル社会主義論の諸側面」は、マルクスに先立つJ・S・ミルを「社会主義者」として捉え、その社会主義論の多面性——協同組合重視、利潤分配制、経済発展の停止状態論など——を明らかにしてその先駆性を浮き彫りにする。

村岡到「宗教と社会主義との共振」は、マルクスの片言「宗教は阿片だ」に呪縛されていた従来の左翼の限界を突破してタイトルの方向を明らかにする。日本共産党の宗教をめぐる動向も取り上げる。

なお、限られた範囲ではあるが、これらの論考が〈社会主義像〉の新しい探究のきっかけとして活かされることを強く望みたい。

二〇一九年九月二日　日本帝国敗戦の日に

村岡到

社会主義像の新探究　目次

共産主義《コミュニズム》から共同体社会主義《コミュニタリアニズム》へ
――脱マルクス・エンゲルス『共産党宣言』

大内秀明

1　唯物史観は作業仮設

『資本論』をはじめ、マルクスの著作は多数の読者を得てきた。とくに初期マルクス・エンゲルスの『共産党宣言』は、「シベリアからカリフォルニアにいたるあらゆる国ぐにの幾百万の労働者の共通の綱領であり」、キリスト教の聖書に並ぶぐらいの超ベストセラーである。マルクス主義の古典中の古典として、高く評価され続けるべきだと思っている。しかし、古典としての価値や評価と、その現代的意義とは、はっきり区別すべきであろう。

とくに初期マルクス・エンゲルスのいわゆる唯物史観は、ヘーゲルの弁証法を唯物論的に転倒した階級闘争史観であり、マルクス自身が認めるように『経済学批判』や『資本論』のための「導きの糸」であり、作業仮設であった。この作業仮設に基づいて、純粋資本主義の抽象による『資本論』、その『資本論』で近代社会の資本主義的経済法則が解明され、科学的社会主義の基礎が提示されたのだ。作業仮設の唯物史観が無ければ、『資本論』は解明されなかったと思う。

しかし、作業仮設はあくまで作業仮設である。それによって解明された理論や歴史が、科学的に証明され、検証されなければならない。科学的な証明や検証を抜きに、そのまま主張され続ければ、単なるイデオロギーだし、ドグマになってしまう。単なるイデオロギー的作業仮設に過ぎない唯物史観は、マルクスが『経済学批判』の序文で「定式化」しただけに、ドグマとしてイデオロギー的に主張される危険が伴ってきた。そうしたドグマが「マルクス・レーニン主義」のプロレタリア独裁をもたらし、結果的にソ連型社会主義の崩壊にも繋がったのではないか?[1]

すでに歴史的に破綻したマルクス・レーニン主義の前提に、初期マルクス・エンゲルスの唯物史観のドグマがあったのではないか? その際、とくに唯物史観に基づく初期マルクス・エンゲルスの政治的・綱領的文書こそ、当時の「共産主義者同盟」の『共産党宣言』だった。とすれば、一八五〇年代「中期マルクス」の『経済学批判』、さらに六〇年代「後期マルクス」の『資本論』、そして七〇年代からマルクスの死を迎えるまでの「晩期マルクス」から、初期マルクス・エンゲルスの『共産党宣言』の唯物史観を再検討する必要があるだろう。[2]

2 『共産党宣言』の一八八三年の序文

『共産党宣言』が、世界各国で版を重ねてきただけに、多くの序文があるが、とくに一八七〇年代「晩期マルクス」の序文が気になる。

七二年六月のドイツ語版の序文に、エンゲルスと連名で次のように書いている。「最近二十五年間における大工業のはかり知れない進歩や、それとともに進展した労働者階級の党組織や、二月革命をはじめとし、さらに進んでプロレタリア階級がはじめて二ヵ月のあいだ政権をにぎったパリ・コンミューンの実践的諸経験を考えれば、この綱領は今日ではところどころ時代おくれになっている。特にコンミューンは、『労働者階級は、既成の国家機関をそのまま奪いとって、それを自分自身の目的のために動かすことはできない』という証明を提供した」などの提起だ。

すでに『資本論』第一巻を刊行した「晩期マルクス」にも、一八七一年のパリ・コンミューンの衝撃が非常に大きかった。パリ・コンミューンの体験を通して、『共産党宣言』の綱領は「ところどころ時代おくれになっている」と述べ、改定の必要を認めているのだ。とくにエンゲルスにとっては、「既成の国家機関をそのまま奪いとる」のではなく「プロレタリア独裁」があり、プロレタリア独裁に特有な国家社会主義による上からの集権型への革命構想があった。マルクスは、プロレタリア独裁に必ずしも同調していないようだし、パリ・コンミューンで提起された、コンミューンの存在と役割、伝統的なコミュニティの位置づけなどについて、ここでマルクスは慎重に考えているのではないか？

次に『共産党宣言』には、マルクスの死後になるが、一八八三年ドイツ語版への序文がある。「この版の序文には、悲しいことには、私ひとりで署名しなければならない」とエンゲルスは書き、

「彼が死んだいまでは、『宣言』の改定や補足はもとより問題となりえない」とも書いていた。ということは、マルクスが生きていれば「改定や補足」を試みたのではないのか?

さらに一八九〇年ドイツ語版への序文では、エンゲルスは、ヴェラ・ザスーリチによるロシア語訳の序文について、マルクスと自分が書いた原文を紛失したからロシア訳から「逆に翻訳し」たという奇妙な言い訳を書いている。何とも奇妙な話だが、「この失われたドイツ語原文は、のちに発見されて、旧ソ連のM・E・L研究所に保存されている」とのことで、それを参照の上、岩波文庫版は邦訳されている。一八八二年一月二一日の署名があるから、生存していたマルクスが書いたのであろうが、まず気になるのはロシア語の訳者ザスーリチである。ほぼ同じ頃、ザスーリチはマルクスに唯物史観について質問状を送り、マルクスは「返書」を書いて、事実上唯物史観の修正を認めた。彼女はロシアのナロードニキで、メンシェビキの理論家である。それを念頭に置いたマルクスの序文だとすれば、その内容が問題になろう。(3) ロシアの農村共同体について、ザスーリチへの「返書」とほぼ同じように、次のように述べられている。

「『共産党宣言』の課題は、近代ブルジョア的所有の不可避的に迫りつつある崩壊を布告することであった。だがロシアでは、目まぐるしいほど急速に繁栄しつつある資本主義といまようやく発達しつつあるブルジョア的土地所有と並んで、土地の過半が農民の共有となっているのをわれわれは見出す。そこで次のことが問題となる。ひどく分解してはいるが太古からの土地所有の一形態であるロシアの農民共同体は、共産主義的共有のより高い形態に直接に移行しうるであろうか？　それとも反対に、その前にそれは西ヨーロッパの歴史的発展において行われたと同じ崩壊過程を通過しなければならないであろうか？　この問題に対して今日可能な唯一の回答は、次の如くであろう。もしロシア革命が西ヨーロッパにおけるプロレタリア革命への合図となり、その結果両者がたがいに補いあうならば、現在のロシアの土地共有制は、共産主義的発展の出発点として役立つことができる」。

ここで西ヨーロッパの歴史的発展とロシアの農民共同体の役割を対比する点は、一八八一年二月一六日付のザスーリチの質問状に対する三月八日付のマルクスの「返書」の内容とほぼ同じである。ここでは、ロシアの農民共同体について、それを「太古からの土地所有の一形態」として、いわば農民共同体とその土地所有を「歴史貫通的」に位置付け、さらにそれを資本主義の発展によるプロレタリア革命との補完関係として積極的に位置づけている。そうした点では、「返書」における事実上の唯物史観＝「所有法則の転変」の修正が、ここでより明確になったとも言える。そして、このような農民共同体の太古からの位置づけは、都市共同体とはいえパリ・コンミューンが、共同体コンミューンとして立ち上がり、短期間とはいえ市民が権力を握った意義を評価したからであろう。当時ようやく共同体研究が本格化し、モルガン『古代社会』をはじめ、一種のコミュニティ研究ブームが到来した。マルクスもここで「古代社会ノート」作りを始めたのである。

そうした事情について、エンゲルスは序文ではなく、『宣言』の本文の「注」として、次のような補足説明をしている。「一八八八年英語版への注」で、「一八四七年には、社会の前史、すなわち記録された歴史に先行する社会組織は、全然といっていいほど知られていなかった」として、それらの知識を踏まえて、エンゲルスは、この原始共産主義の解体から階級闘争史観を述べようとして「プロレタリア独裁」を主張した。しかし、マルクスはモルガンの『古代社会』のノート作りを進め、ザスーリチへの「返書」で唯物史観とそれにもとづく「所有法則の転変」について、その事実上の修正を認めた。その対応は、エンゲルスとは少し違ってくる。

すでに紹介したが、W・モリスと共著者E・B・バックスによる『社会主義：その成長および成果』(4)においては、モルガンやマルクスの共同体研究を踏まえながら、二人はマルクスの「所有法則の転変」について、「自己の労働による商品生産物の自己所有」について、それを「注記」の形で事実上批判し、農民共同体やギルド共同体の意義を提起していたのだ。ザスーリチへの「返書」など、原始的な共同体に基づく歴史貫通的な共同体の意義を認めていたマルクスは、八一年一二月に公刊されたバックスの『資本論』に関する評論「現代思潮のリーダー達　第二三回　カール・マルクス」についても、それを高く評価し「真正な社会主義」と呼んで最大級の賛辞を惜しまなかった。すでに『資本論』で純粋資本主義の抽象により、資本主義経済の自立的経済法則の解明に成功していたマルクスからすれば、①パリ・コンミューンの決起、②モルガンなどの共同体研究、③ザスーリチからの質問への「返書」など、一八七〇年代を迎えて「一八四七年には、社会の前史、すなわち記録された歴史に先行する社会組織は、全然といっていいほど知られていなかった」時代の綱領的文書『共産党宣言』については、それを理論的かつ実証的に再検討し、脱『宣言』ともいうべき新『宣言』の必要性を考えていたのではないか？　その方向づけは、新たな資料などによる共同体の位置づけ、「太古からの土地所有」など共同体の歴史貫通的存在の意義、単なる所有論的コミュニズムから共同体的社会主義（コミュニタリアニズム）の新たな地平の開拓である。しかし、残念なことに、マルクスの死は早かった。

モリスとマルクスとの直接の接点はなかったようだが、バックスの「評論」については、上記のように最晩年のマルクスは絶賛した。しかし、人間関係は複雑でエンゲルスは、バックスはともかくモリスについては「センチメンタルなユートピア社会主義者」と冷たくあしらい、排除していたらしい。そのためもあってか、日本でもモリスは「マルクスの著作を研究したが、マルクス主義の本質は理解できなかった。エンゲルスはそれを〈心情的〉と評している」（『現代マルクス＝レーニン主義事典』現代思想社）と説明されている。こんな点にも「晩期マルクス」のマルクス、エンゲルスの違いが覗かれるかも知れない。

3　所有論的アプローチの問題点

そこで「晩期マルクス」の立場から、初期マルクス・エンゲルスの唯物史観の政治・綱領的文書『共産党宣言』の改定、「新宣言」に必要な主要な論点だけ提起したい。『宣言』そのものは、綱領的文書として、ごく短いものだが、唯物史観については『経・哲草稿』など、多くの哲学的研究がある。ここでは、『資本論』など、経済学的な研究との関連での問題提起にとどまる点、あらかじめ断っておきたい。また、「第三章　社会主義的および共産主義的文献」については、時代的制約など、マルクス・エンゲルスも改定を認めていたので省略する。

「ヨーロッパに幽霊が出る――共産主義という幽霊である」――言うまでもない『宣言』冒頭の有名な文章だ。一八四八年時点で、「共産主義はすでに、すべてのヨーロッパ強国から一つの力とみとめられているということ」の宣言だった。しかし、その後「第一インター」と呼ばれた「国際労働者協会」（一八六四年設立）の運動は、パリ・コンミューンの後、大きな組織的混乱が続き、七六年に解散した。『フランスの内乱』まで書いたマルクスとしては、運動の組織的責任を痛感したであろう。だからこそ、改めてモルガンなどの太古以来の歴史貫通的な共同体・コミューンの研究を熟読せざるを得なかったし、グレーダー編『マルクス古代社会ノート』作りを試みたのであろう。そこには、誠実な「晩期マルクス」があった。そうした共同体の位置づけの上に、新『宣言』を考えていたに違いない。

まず第一章「ブルジョアとプロレタリア」だが、そもそも表題について問題がある。一八八八年英語版へのエンゲルスの（注）として、「ブルジョア階級とは、近代的資本家階級を意味する。すなわち、社会的生産手段の所有者として賃金労働者の雇用者である階級である。プロレタリア階級とは、自分自身の生産手段を持たず、生きるためには自分の労働力を売ることをよぎなくされる近代賃金労働者の階級を意味する」。真に適切で分かり易い（注）である。しかし、タイトルそのものに、このような長い注を付けざるを得ない、そのタイトルそのものが問題だろう。さらに『宣言』の主張である「階級闘争史観」についても、エンゲルスは長い注を付けているが、この注も「今日までのあらゆる社会の歴史は、階級闘争の歴史である」に付されたものである。こうした注を、長々と付けざるを得ない点で、資本・賃労働の関係にせよ、階級闘争史観にせよ、『宣言』そのものが、単なるイデオロギー的仮設に過ぎないことを自認しているとみていい。

そこで「ブルジョアとプロレタリア」だが、エンゲルスの指摘の通り、マルクスのその後の研究では「資本と賃労働」として、資本主義経済の階級関係が明らかにされねばならない。字引を引くまでもなく、「ブルジョア」は「有産者」であり、「プロレタリア」は「無産者」である。つまり「ブルジョアとプロレタリア」は、「有産者と無産者」の対立関係であり、「資産」保有の有無、ないし多寡の表現に過ぎないのだ。したがって資産保有の多寡による、資産の格差を表現するのには適当だが、それによって階級関係や階級対立を明らかにできるわけではない。ではなぜ、初期マルクス・エンゲルスは、資本・賃労働の対立ではなく、「資産」保有の格差に過ぎない「ブルジョアとプロレタリア」として、階級関係を捉えたのか？

初期マルクス・エンゲルスの唯物史観の形成について、ここで『ドイツ・イデオロギー』や『経哲草稿』に立ち入ることはできないが、その所有論的アプローチに注目すべきだろう。つまり、私的所有の基礎に労働を求め、自己の労働にもとづく私的所有のテーゼである。このテーゼから、いわゆる「所有法則の転変」も主張され、『資本論』でも「最初われわれにたいする所有権は、自己の労働にもとづくものとして現れた。少なくとも、この仮定が妥当でなければならなかった」と述べ、さらに「資本主義的私有は、自己の労働にもとづく個別的な私的所有の第一の否定である」。その「否定の否定」として、社会主義的な「共同所有」を主張することになった。この「自己の労働にもとづく私的所有」も、むろんヘーゲル弁証法の否定のうえに主張されている以上、「疎外された労働」が前提だろう。ただ、「単純商品生産社会」が想定されていて、商品生産者は「分業労働」に従事するだけで、無政府的分業に過ぎない。こうした前提では、A・スミス的な「初期未開な社会」の労働価値説を批判できないと思う。むしろスミス的労働価値説の枠組みの中で「自己の労働にもとづく個別的な私的所有」を主張せざるを得なかったのだ。

第一章では、唯物史観の所有論的アプローチが前提されていると思われるが、続いて古代ローマから中世へと素朴な階級闘争史観が述べられる。そのうえで「ブルジョア階級の時代」が到来、「ブルジョアとプロレタリア」の対立が激化する。「地理上の発見」など世界市場の形成と拡大の中で、工場制手工業から機械制大工業へと大量生産が発展し、世界市場をめぐる競争とともに階級闘争も国際的規模に拡大・激化する。「ブルジョア階級は、世界市場の搾取を通して、あらゆる国々の生産と消費とを世界主義的なものに作り上げた」。こうした「世界主義」的な発展から、「近代国民国家」の成立については、次のように述べる。「ブルジョア階級は、生産手段、所有、および人口の分散を次第に廃止する。かれらは人口を凝集させ、生産手段を集中させ、財産を少数者の手に集積させた。この必然的結果は、……ひとつの国民となった」。この近代国民国家による大量生産の集中・集積は、世界市場の競争の激化とともに、商品過剰をも激化する。ここから「世界市場と恐慌」のテーゼが現れる。

すなわち、「ブルジョア的生産並びに交通諸関係、ブルジョア的所有諸関係、かくも巨大な生産手段や交通手段を魔法で呼び出した近代的ブルジョア社会は、自分が呼び出した地下の悪魔を最早制御できなくなった魔法使いに似ている。数十年来、工業および商業の歴史は、まさしく近代的生産諸関係に対する、ブルジョア階級とその支配の生存条件である所有諸関係に対する、近代的生産諸力の反逆の歴史である。ここには、かの商業恐慌をあげれば十分である。それは、周期的に繰り返し起こり、ますます急迫的に全ブルジョア社会の存立をおびやかす」。「世界市場と恐慌」は、さらに「恐慌・革命テーゼ」に発展せざるを得ない。「ブルジョア階級が封建制を打ち倒すのに用いた武器は、今やブルジョア階級自身に向けられる。だが、ブルジョア階級はみずからに死をもたらす武器を鍛えたばかりではない。かれらはまた、この武器を使う人々をも作り出した——近代的労働者、プロレタリアを」。ここでプロレタリアは、ブルジョア社会の必然的産物だが、まだ流通形態としての資本、その資本が産業資本として生産を支配し、その前提として労働力の商品化が解明されたわけではない。あくまでも有産者としてのブルジョアに対立する無産者としてのプロレタリアに過ぎない。

単なる無産者としても「この労働者は、自分の身を切り売りしなければならないのであるから、他のすべての売品と同じく一つの商品であり、したがって、一様に競争のあらゆる変転に、市場のあらゆる動揺にさらされる」。「労働者のために費やされる費用は、ほとんど労働者が自分の生計と自分の種族の繁殖とに必要とされる生活手段にのみ限られる」といった指摘はあるが、資本の直接的生産過程に踏み込んだ剰余価値生産の説明はない。もっぱら近代的工業の拡大発展の中で、競争が激化して無産者のプロレタリアへの転落の過程が描き出される。そして、「プロレタリア階級は、種々の発展段階を経過する。ブルジョア階級に対するかれらの闘争は、かれらの存在とともにはじまる」。機械打ちこわし運動はじめ、競争論的にプロレタリアの量的拡大と共に、内部対立なども含みながら、「プロレタリアの運動は、途方もない多数者の独立運動である。現代社会の最下層であるプロレタリア階級が起きあがり、立ちあがることができるためには、公的社会を形成する諸層の全上部構造が空中にけし飛ばされねばならない」。そして、闘争は「内容上ではないが、形式上は、何よりも第一に国民的闘争である」。しかし、世界市場における競争の激化に基づく商業恐慌からすれば、恐慌は国民的規模を超える「世界恐慌」であり、革命もまた「世界革命」でなければならない。「第二章　プロレタリアと共産主義者」では、最後に「労働者は祖国をもたない」世界革命論が提起されるが、われわれも第二章の検討に進もう。

4　所有論的アプローチの強調

第二章では、所有論的アプローチが、さらに一層強化される。先ず共産主義者とプロレタリアの党との関係を述べ、「共産主義者は、一方ではプロレタリアの種々な国民的闘争において、国籍とは無関係な、共通の、全プロレタリア階級の利益を強調し、それを貫徹する。他方では、プロレタリア階級とブルジョア階級の間の闘争が経過する種々の発展段階において、常に運動全体の利益を代表する」として、「共産主義者同盟」の立場と共に、「世界市場と恐慌」、そして世界革命への伏線が張られている。その上で、あらゆるプロレタリアの党と同じく、当面の目標は「プロレタリアの形成、ブルジョア支配の打倒、プロレタリア階級による政治権力の獲得である」。そして、「理論的命題」は「所有一般の廃棄ではなく、ブルジョア的所有の廃棄」、つまり「私有財産の廃止」である。まさに所有論的アプローチだが、この「私有財産の廃止」に「資本・賃労働」の関係も還元された形で、「賃労働に進もう」として、政策的課題の検討に進んでいる。

しかし、こうした所有論的アプローチでは、いうまでもなく法的な所有関係に資本・賃労働の階級関係が解消されてしまう。その点では、その後『資本論』までのマルクスの研究過程で明らかにされる商品・貨幣を前提とした流通形態としての資本の運動体、その資本に雇用される労働力商品の特殊性、そうした運動体としての資本と労働力商品の特殊性から生ずる資本関係の諸矛盾などは、理論的位置づけを欠いたまま無視されてしまい、現象形態の提起だけに終わる。例えば、「私有財産の廃止」では、「個人的に獲得した財産、自ら働いて得た財産を、われわれ共産主義者は廃棄しようとする、という非難がわれわれに対してなされている」として、その非難に対して、資本関係、資本・賃労働関係に引き戻して、ブルジョア的所有として資本、そして資本に対する賃労働にもとづくプロレタリアの立場の説明を重ねざるを得なくなっている。その上で、「だから、資本は個人的な力ではない、社会的な力である。したがって資本が、社会の全成員に属する共有財産に変えられたところで、それによって個人的財産が社会的財産に変えられるわけではない。変化するのは財産の社会的性格のみである。すなわち財産はその階級的性格を失うのみである」など、弁解的な説明を繰り返す。

賃労働の政策課題についても同様であって、主な論点だけ拾ってみよう。労働賃金についても、資本の直接的生産過程の剰余価値論を抜きにして、「われわれは、生命そのものを再生産するにしかすぎないような労働生産物を、個人が取得することを廃棄しようとは決して思わない。……

支配階級の利益が必要としなければ生活することができないという、そんなみじめな取得の性格である」として、人格、独立、自由の廃止も、あくまでブルジョア的な市場における取引や競争のための自由や独立である。その上で、再び「諸君は、われわれが私有財産を廃止しようと欲することに驚く。だが、諸君の現存社会では、私有財産は社会成員の十分の九にとっては廃止されているのだ。それは、十分の九の人にとって存在しないというまさにそのことによって、存在しているのだ。すなわち諸君は、社会の途方もない多数者の無所有を必然的条件として前提するような財産を、われわれが廃止しようとすることに対して、われわれを非難しているのである」。所有論的アプローチであるために、ここで再び資産保有の量的格差に資本関係、階級関係が還元されている。資産格差の拡大は重要だが、その重要性と資本関係、階級関係との混同は拙いだろう。だから「共産主義はだれからも、社会的生産物を取得する権力を奪わない。ただ、この取得によって他人の労働を隷属させる権力を奪うだけである」と弁明せざるを得なくなっている。

その上で「精神的生産物の取得および生産にまで及ぼされる」として、「階級的教養の廃止」などを取り上げる。さらに「家族の廃止！もっとも急進的な人々さえ、共産主義者のこの恥ずべき意図に対しては、激怒する。現在のブルジョア的家族は、何に基礎をおいているか？　資本に、私的営利に、である。完全に発達した家族は、ブルジョア階級にだけしか存在しない。しかも、そういう家族を補うものとして、プロレタリアに強いられるところの家族喪失と公娼制度とがある」。ここでは、当時の家族制度やそれとの抱き合わせの公娼制度が取り上げられているが、要するに家族制度をブルジョア的なものとして、その廃絶を提起している。しかし、後述するが所有論的アプローチを超えて、資本関係を明らかにし、労働力の商品化とその労働力の再生産となれば、後に『資本論』、とくに第二巻の「可変資本の回転」など、労働力の再生産の場としての「家庭や家族」が問題になるし、さらにそれとの関連で地域のコミュニティ・共同体が問題になる。ここで七〇年代「晩期マルクス」が取り組んだ共同体問題の接点として、『宣言』における「家族の廃止」をここで予め提起しておきたい。

さらに『宣言』では、「家庭教育と社会教育」、「婦人の共有」、「結婚と妻の共有」なども取り上げられる。その上で、すでに触れたが「世界市場と恐慌」テーゼとの関連から、「労働者は祖国をもたない」世界革命によるプロレタリアの解放が最後に提起される。「労働者革命の第一歩は、プロレタリア階級を支配階級にまで高めること、民主主義を闘いとることである。プロレタリア階級は、その政治的支配を利用して、ブルジョア階級から次第にすべての資本を奪い、すべての生産用具を国家の手に、すなわち支配階級として組織されたプロレタリア階級の手に集中し、そして生産諸力の量をできるだけ急速に増大させることであろう」。ここでは、まだ「プロレタリア独裁」が定式化されてはいない。しかし、プロレタリア権力による国有化など、国家社会主義的な革命が具体的に展望される。そして、一〇項目の政策として、「一、土地所有を収奪し、地

代を国家支出に　二、強度の累進税　三、相続権の廃止、　四、国立銀行による信用の集中、　五、運輸機関の国家管理、　六、国有工場、生産用具の増加」など、国有化による国家管理の極めて強い政策提起である。こうした政策的帰結こそ、所有論的アプローチのもと、「ブルジョアとプロレタリア」、「世界市場と恐慌」、「恐慌革命テーゼ」、そして「世界革命」といった、初期マルクス・エンゲルスの唯物史観のイデオロギー的仮設の構図に基づいていると見るべきだろう。

5　『経済学批判』から『資本論』への転換

以上、『宣言』の綱領的文書を前提に、初期マルクス・エンゲルスの唯物史観の枠組みが構築され、その後一八五七年の『経済学批判』に向けて、マルクスの経済学研究も進められた。しかし、四八年革命の闘争に敗れて、マルクスの後を追ってロンドンに辿り着いたエンゲルスだったが、父親の会社経営に従事するためマンチェスターに去った。マルクスは独りロンドンで大英博物館を利用して研究生活をつづけ、『経済学批判綱要』など、古典派経済学への批判が本格化した。そうしたマルクス・エンゲルスの関係から、『宣言』の「初期マルクス・エンゲルス」と区分して、ここでは「中期マルクス」による『経済学批判』研究の時期を問題としたい。マルクスの古典経済学批判が本格化し、『宣言』では「ブルジョアとプロレタリア」の資産保有だった階級関係は、資本・賃労働・土地所有の三大階級となった。にもかかわらず『批判』の経済学研究の枠組みは、イデオロギー的仮設だった唯物史観のテーゼが維持され、その枠内での批判的研究だった。

その点は、『批判』の「序言」の冒頭に、経済学批判研究の「プラン」が置かれ、さらに唯物史観がマルクスによって定式化されたことで明らかだろう。「私はブルジョア経済の体系を次の順序で考察する。……資本、土地所有、賃労働、それから国家、外国貿易、世界市場」であり、もう少し詳細なプランでは、「世界市場と恐慌」そして「恐慌・革命テーゼ」も提起されている。『宣言』の内容は、すでに明らかなように所有論的に「ブルジョアとプロレタリア」だったが、『批判』では「資本、土地所有、賃労働」、そして資本関係として「第一部　資本について、第一篇　資本一般、第一章　商品」から始められることになった。しかし、「資本一般」の「商品」として始めたことが、まさに曲者だったのだ。すでに検討したので立ち入らないが、流通形態である資本を構成する商品としての富を、マルクスもA・スミス同様に、労働生産物に限定し、「本源的購買貨幣」である労働により自然から購入する流通主義に陥り、流通形態としての商品、商品の価値形態を無視する重大な欠陥を抱え込んだ。すべての誤りは、ここにあった。①労働生産物に限定しながら二商品の等価交換から労働価値説を論証するトートロジー、②「価値形態論」が不在で相対的価値形態と等価形態の立場の違いの無視、③労働生産物ではない労働力や土地・自然などの商品化の欠落、さらに④商品の私的所有の根拠に自己の労働をおき、スミス的「初期未開の単純商品生産社会」の想定など、すべてのマルクス価値論の欠陥による誤りは、ここから出発した。[5]そして、この誤謬は、初期マルクス・エンゲルスの所有論的アプローチに起因していることは言うまでもない。

この誤りについて、誰よりもマルクス自身が気づいたことを強調したい。「価値形態論」が欠落し、流通形態としての資本の形式が解明できない。とりわけ労働生産物ではない労働力の商品化を解明し、それに基づいて産業資本の運動形式を明らかにしなければ、資本の価値増殖、剰余価値の生産も解明できない！　すでに『宣言』の「ブルジョアとプロレタリア」を、「資本と賃労働」の価値関係として概念化するのに成功した「中期マルクス」だ。マルクス自身、ここで重大な決断のもとで『経済学批判』の執筆を「商品と貨幣」だけに止めた。「貨幣の資本への転化」、そして「剰余価値の生産」を断念し、『剰余価値学説史』の研究、ノート作成に転進したのである。まさに見事な決断であり、転換であり、それにより「価値形態論」、貨幣機能論、そして「貨幣の資本への転化」と「労働力商品化論」が積極的に提起され、新たに『資本論』の地平が切り拓かれた。同時に唯物史観をイデオロギー的作業仮設として、新たに資本主義経済の自律的運動法則の解明の場を「純粋資本主義」の抽象に求めた。「恐慌・革命テーゼ」も、五〇年代から六〇年代へと世界恐慌は周期的に繰り返されたが、肝心の革命は来ない。むしろ周期的恐慌を梃子として、資本主義経済の運動法則は、より高度な経済成長のバネにしている。「恐慌・革命テーゼ」はドグマと化して、資本主義経済の内部矛盾は、「世界市場と恐慌」としてではなく、純粋資本主義の自律的運動法則の内部から、歴史貫通的な「経済原則」との緊張関係から明らかにされざるを得なくなった。

『経済学批判』から『資本論』への転換は、単なる上記の経済学批判体系プランの変更ではない。副題に「経済学批判」が残されたとしても、全く別個の著作として、新たな方法と内容のもとにマルクスは全三巻を準備したのだ。その点では、「プラン問題」は、プランの範囲の広狭の問題ではない。「プラン廃棄」の問題である。同時に所有論的アプローチの唯物史観は、単なるイデオロギー的作業仮設として、純粋資本主義の『資本論』の自律的運動法則のもとに、理論と歴史、現実の関係の組み換えが必要になるだろう。その点で五〇年代の「中期マルクス」に対して、六〇年代の『資本論』のマルクスは、「後期マルクス」として段階的に区分する必要があると思う。ただ、いうまでもなく『資本論』の「後期マルクス」にも、「初期マルクス・エンゲルス」以来の所有論的アプローチの枠組みが残っている。冒頭、商品論の労働価値説と単純商品生産社会の想定、労働による貨幣の内在的価値尺度にはじまり、資本の価値形成・増殖過程の解明、さらに資本の再生産、蓄積過程における「所有法則の転変」など、『資本論』の純粋資本主義の自律的運動法則との矛盾が指摘され、議論されてきた。さらに本稿の初めに提起したが、「晩期マルクス」ともいうべき一八七〇年代には、パリ・コンミューンをはじめとする共同体・コミュニティ問題が提起された。マルクスにしても、エンゲルスにしても、「初期マルクス・エンゲルス」

に回帰して、その再点検を迫られたのだ。

6　「晩期マルクス」は共同体研究へ

一八七〇年代を迎え、「初期マルクス・エンゲルス」の唯物史観に基づく政治・綱領的文書『宣言』について、いくつかの序文が加わり、さらに「新宣言」の話も出た。パリ・コンミューン，共同体研究ブーム、ザスーリチへの返書など、マルクスも上述の『古代社会ノート』作りを始めていた。イデオロギー的作業仮設に過ぎない「唯物史観」について、理論的・実証的な再検討の作業である。理論的には、『資本論』の純粋資本主義の論理との整合性、実証的には、共同体研究による階級闘争史観の点検に他ならない。しかし、早かったマルクスの他界により、多くの課題が残されたが、ここでは共同体論研究の検討に絞ろう。

『資本論』でも、マルクスは共同体と商品経済の関係について「商品交換は、共同体の終わるところに、すなわち、共同体が他の共同体または他の共同体の成員と接触する点に始まる。しかしながら、物はひとたび共同体の対外生活において商品となると、直ちに、また反作用をおよぼして、共同体の内部生活においても商品となる」(第二章「交換過程」)と述べている。このマルクスの所説は重要であり、商品経済が共同体内部の生産の価値実体から離れて、流通形態として価値関係を形成し、価値形態が展開される形態規定が提起されるからだ。マルクスが古典派労働価値説に対して、「価値形態論」を提起した理由でもあった。だが、ここでの指摘だけでは商品経済が共同体経済にとって外部的であり、それが共同体の内部にも一定の影響を与える点の説明にとどまる。商品経済の拡大発展が、一方で「共同体の内部生活においても商品となり」共同体を崩壊に導くことがある。しかし、商品経済の拡大だけではない。他方では、武力による征服と戦争、奴隷経済の拡大もある。だから外部的関係が必然的に「内面化」して、世界市場が形成されるわけでは決してない。商品経済と共同体経済は、あくまでも外面的な対立であり、二元性をまぬがれない以上、一元的な法則性の原理には収まらない。そこが「世界資本主義論」の限界である。

「一八四七年には、社会の前史、すなわち記録された歴史に先行する社会組織は、全然といっていいほど知られていなかった」。しかし、七〇年代の共同体研究を通して、「太古からの土地所有の一形態であるロシアの農民共同体」の歴史貫通的な発展の歴史的・理論的解明が、ザスーリチへの「返書」とともにマルクスの課題に登場した。上記のような共同体の間に広がる商品経済と共同体の外面的対立ではない。商品経済が全面的に拡大発展するロシア資本主義経済の内部に存在し、そこで機能する歴史貫通的な共同体の「類的存在」なのだ。しかも、その点が「ロシア革命が西ヨーロッパおけるプロレタリア革命への合図となる」か、否かの判断で重要になっている。単なる「プロレタリア独裁」だけでなく、ナロードニキ以来の「農民共同体」の位置づけをマルクスも重視せざるを得なかった。その理論化を、どうするか?

マルクスは、「太古からの」歴史貫通的な共同体の理論的位置づけを明確にできないまま他界してしまった。しかし、『資本論』では、原稿執筆時期としては最後の部分（七〇年代第二稿）とされる第二巻、第二篇「資本の回転」第一六章「可変資本の回転」においては、「労働力商品の再生産」が提起される。内容的には、可変資本の回転の年率など、資本の回転に包摂される説明が多いものの、労働力商品の特殊性から、生産と消費を結ぶ単純流通の側面が提起されている。ここでは立ち入らないが、可変資本の回転は、労働力の再生産が消費生活で行われる以上、生産と消費のいわゆる「経済循環」が含まれ、それは資本の循環から独立した単純流通である。しかも、労働力が再生産される消費生活については、賃金がアトミックな「経済人」として個人に支給されるものの、消費生活は家庭で家族とともに行われる。出産・育児・保育、さらに家庭教育まで、次世代の労働力の再生産がふくまれる。家庭・家族こそ、「氏族・部族・民族」の共同体の基礎的単位をなす。こうした地域共同体こそ、商品化される労働力の再生産の場であり、それは歴史貫通的な経済原則として機能しなければならない。マルクスの『資本論』は、内容的には不十分だが、わざわざ「可変資本の循環」として、資本の流通過程で説明しているのである。「労働力商品の特殊性」としての労働力の再生産に他ならない。(6)

以上、一八七〇年代の「晩期マルクス」にとって、「初期マルクス・エンゲルス」の唯物史観、および政治綱領文書『共産党宣言』について、それらを理論的・実証的に再検討していたこと、とくに『宣言』については、その修正・改定、さらに言えば「新宣言」の意向も覗える。その方向づけは、歴史貫通的な共同体の「経済原則」を踏まえた資本主義経済の体制変革であり、「共同体社会主義」（コミュニタリアニズム）であろう。ソ連崩壊による「マルクス・レーニン主義」の破綻した今日、それはまたマルクスの思想的再生の道ではなかろうか。

〈注〉

(1)「マルクス・レーニン主義」としての「プロレタリア独裁」については、レーニン『国家と革命』の批判的検討が必要だが、別稿を準備したい。

(2) 一八五〇年代「中期マルクス」、六〇年代「後期マルクス」の年代区分は、拙著『恐慌論の形成』（日本評論社、二〇〇五年）参照

(3)「返書」については、拙著『ウィリアム・モリスのマルクス主義』（平凡社、二〇一二年）第二章、三を参照のこと。

(4) モリス、バックス著・大内秀明監修、川端康雄監訳『社会主義』（晶文社、二〇一四年）、「ギルド社会主義」など共同体社会主義論の展開を参照のこと。

(5) 宇野理論によるマルクス価値論の批判については、宇野弘蔵編『資本論研究』Ⅰ〜Ⅴ（筑摩書房、一九六七〜六八年）など参照のこと。

(6) 拙稿「労働力商品化の止揚と『資本論』再読」（小野寺忠昭・小畑精武・平山昇編『時代へのカウンターと陽気な夢』社会評論社、二〇一九年、所収）参照。

ロシアにおける社会主義への再挑戦

岡田　進

はじめに

長時間労働や非正規雇用の増大、低賃金とゼロ金利のもとでの増税や物価高、教育の機会均等が失われることによる貧困の悪循環、経済の金融化にともなう所得・資産格差のいっそうの拡大、年金制度の動揺と老後へのつのる不安、また世界的には地球温暖化や海洋汚染など自然環境の悪化、自国第一主義の台頭と貿易戦争の激化、地域間経済格差の拡大と移民問題の深刻化、軍備増強となくならない戦争の脅威、などなど、二一世紀の資本主義は多くの深刻な問題を抱え、私たちは不安のなかで生活している。

ひと昔まえ、私たちの希望であったのは、こうした問題に何らかの解決を与えてくれるかと思われた社会主義の存在であった。しかし今やほとんどの「社会主義」国は姿を消し、資本主義の現状を憂慮し批判する人のあいだですら、社会主義は選択肢から外されてしまっている。期待は実際には幻想にすぎなかったとの声も聞こえる。ただ、資本主義が多少ともその矛盾を緩和しえたかつての福祉国家や国際協調から、あからさまに反国民的で格差の拡大を助長する新自由主義や資本主義体制内抗争に取って代わったのは、いわば自らを映す鏡であった「社会主義」が消滅したためだと言えなくもない。

資本主義は深刻な矛盾を抱えたまま、この先いつまでも堂々めぐりを繰り返していなければならないのか。現代の課題に応えられる社会主義というものはありえないのか。こうした問いに答えるためには、「社会主義」体制の理論的基礎とされてきたマルクス主義を現代的視点から再吟味する必要があることはもちろんであるが、七〇年のあいだ実在したこの経済社会体制について、それが崩壊したからといって「なかったこと」にするのではなく、それはなぜ生まれ、一定期間存続し、またなぜ敗北したのか、人類の歴史の上でどんな教訓を残したか、といった観点から改めて検討してみる必要もあるように思われる。

とくに、「実在した社会主義」の本家本元であったロシアでは、体制が崩壊した後、何が起こっているか。資本主義から「社会主義」へ、そして「社会主義」から資本主義へと一世紀のあいだに二度の体制転換を体験したロシアの人びとは、過去の歴史にどのように向き合おうとしているのか。また今ロシアで再び社会主義に挑戦しようとする人びとは、その苦い経験にもとづいて、「ソ連社会主義」に代わるどのような社会主義を構想しているのであろうか。こうした問題関心から、この小論では、まず資本主義への転換後のロシア経済の状態と、それを否応なく過去と比較せざるをえないロシアの人びとの意識の動向を追い（第1節）、そのアンビヴァレントな心情を理解するためにも、改めて「ソ連社会主義」とは何であったかを検討し（第2節）、その七〇年の歴史的経験から、ロシアの人びとにとってだけではなく、私たちの未来にもつながるどのような新しい社会主義像を描くことができるのかを、ロシアで行われている議論を材料にして考えてみたい（第3節）。

1　ロシア経済の現状と市民の意識

一九九一年末のソ連解体後、ロシアでは「ワシントン・コンセンサス」（ＩＭＦなどによる市場原理主義的処方箋）にもとづいて、急激に脱「社会主義」化＝資本主義的市場経済化が進められることになった。価格・商業・貿易・為替の全面的自由化、市場インフラの速成的創設、「小さな政府」の実現とインフレ抑制のための徹底した金融・財政引締めが行われ、とくに資本主義の基盤となる私的資本主義的所有の創設は、勤労者の労働の結晶であった高度に集積された国家的資産が、かつての特権的官僚層（ノメンクラトゥーラ）や混乱期にヤミ行為で蓄財した成金の手に二束三文で引き渡されるという形で行われた。

対外自由化は、石油・ガスなど輸出指向の資源部門のオリガルヒ（新興財閥）の利益に応えるものであったが、これによって安価な輸入製品が流入して、製造業や農業は致命的な打撃を受けることになり、さらに引締め政策によって需要の大幅な縮小や財政収入の減少を招き、経済は大混乱に陥った。一九九八年にはGDPはソ連時代の半分以下に下がり、工業生産は四〇%、固定資本投資は二五%の水準にまで落ち込み、GDPが転換前の水準を回復したのは一七年後の二〇〇七年であった。ハイパー・インフレで預金はすべて失われ、賃金未払いが日常化し、年金制度も破綻した。最低生活費以下の所得しかない貧困者は五〇〇〇万人、人口の三分の一に達し、失業率は一三%を超えた。生活困難や医療制度の崩壊によって出生率の低下・死亡率の増大が進み、平均寿命は一時、六四歳（男性は五七・六歳）にまで下がった。

転換を主導したエリツィン大統領が政権を投げ出す形で退任した後、二〇〇〇年に大統領に就任したプーチンは、オリガルヒの政治への容喙を許した従来の路線の一定の手直しを行った。オリガルヒが独占していた資源の輸出収益の一部は国庫に収納され、その資産の一部も再国有化されたが、新たに国有企業の経営者となった高級官僚は事実上これを私物化し、政権に従うことと引き換えに自由な活動を認められたオリガルヒと一体となってプーチン政権の基盤を強化した。農業振興など放棄されていた産業政策も部分的に復活した。しかしこの時期の経済復興の原動力となったのは、世界的な資源価格の高騰であった。九〇年代末に一バレル一四ドルであったロシア産原油価格は二〇〇八年には九〇ドルにまで跳ね上がった。これによる資源輸出収入の増大は資源資本に莫大な利益をもたらし、関連部門の利潤や賃金を増やしたほか、国庫に吸い上げられた石油・ガス収入の一部は年金の引き上げや公務員の賃上げにも向けられ、いずれも内需の拡大につながった。二〇〇〇～二〇〇八年に、年平均でGDPは七％伸び、工業生産は五・四％、固定資本投資は一三％、住民の可処分所得は一二・八％増大した。

ただ、経済復興や国民生活の向上は底の浅いものであった。資源資本は自己の利益を、衰退した製造業への投資には振り向けず、海外に持ち出して不動産や証券の購入に当てたし、国庫に集められた輸出収入の一部は油価の値下がりに備えて安定化基金に凍結されて、荒廃したインフラへの投資や住民福祉の向上には向けられなかった。二〇〇八－〇九年世界金融・経済危機では油価が暴落し、輸出中の石油・ガスの割合が五〇～六〇％、国家予算歳入中の石油・ガス収入の割合が四〇～五〇％などと全面的に資源輸出に依存していたロシア経済は大打撃を受けた（GDP成長率はマイナス七・八％）。また二〇〇〇年代の経済の回復は経済格差の拡大をともない、上下一〇％の所得層間の格差は一六倍を超え（ソ連時代は三～四倍、西側先進諸国でも五～七倍）、一％の最富裕層がロシアの国富の六七％を占めるまでになった。

経済危機による生産の減退は一年余りで収まり、その後油価も高止まりしたが、二〇一〇年以降のロシア経済には二〇〇〇年代のような盛り上がりは見られなくなった。二〇一〇～二〇一三年の四年間のGDPの年平均伸び率は二・五％にとどまり、固定資本投資は六・二％、住民の実質所得の伸びは年平均三・八％と危機前を大きく下回った。これは、資源輸出収入の増大にともなう実質ルーブリ高で、立ち後れていた製造業の競争力が一段と低下して製品輸入が急増したこと（いわゆる「オランダ病」）により、石油収入は既存の再生産構造の内部で吸収されてしまい、油価が上がり続けない限り新たな成長が望めなくなったためであった。こうしたなかで、政権内部からも資源輸出依存経済からの脱却が叫ばれるようになったが、資源資本の利益に逆らう路線転換は不可能で、結局、掛け声倒れに終った。

経済停滞に追い打ちをかけたのが、ウクライナ問題に関連してロシアが行ったクリミア併合に対する西側諸国による経済制裁と、それに続いた油価の暴落であった。GDPの伸びは二〇一四年に〇・七％、二〇一五年にはマイナス二・三％に下がり、その後の三年間も年平均一・四％の伸びにとどまった。住民の実質可処分所得は二〇一四年から四年間連続してマイナス成長となり、しばらく低下傾向にあった貧困率は再び一三％を超えた（実数では約二〇〇〇万人）。経済制裁に対してとられた逆制裁（農産物の輸入禁止など）で農業を中心に輸入代替策がある程度功を奏し、ルーブリの下落で「オランダ病」も緩和されるとともに、油価も若干回復したが、政府は相変わらず高金利など引締め政策をとり続け、内需は依然冷え込んだままである。しかも二〇一八年には、政府は年金財政の悪化を理由に年金受給開始年齢の五歳引き上げ（男性六五歳、女性六〇歳）に踏み切ったが、平均寿命が男性六七・五歳（日本では八一・一歳）という現実を無視したものとして激しい世論の批判を浴びることになり、クリミア併合以来、国民の愛国心に訴えて高い支持率を保ってきたプーチン政権にも大きな影が差すことになった。

このような状況のもとで、ロシアの一般の市民は、自分の生活実感から、ソ連時代と比較して現状をどのように捉え、「ソ連社会主義」からの転換をどのように評価しているのであろうか。これについての興味深い調査データが、ロシア科学アカデミー社会学研究所が刊行した『ロシア人の評価と意識に見る社会的転換の二五年』に掲載されている。調査は四〇〇〇人を対象に二〇一七年に行われたが、ブレジネフ期（ある意味で安定した「ソ連社会主義」の典型期）、エリツィン期（市場移行の混乱期）、それにプーチン期（二〇〇〇年代の回復期から現在に至る時期）の三つの時期について、肯定的な事象一七項目と否定的な事象一〇項目を挙げて、それらがそれぞれどの時期に最も当てはまる特徴であるかを尋ねている（表：次頁）。これによれば、肯定的な事象が集中していたのがブレジネフ期で、エリツィン期には逆に否定的事象が集中し、プーチン期には肯定的事象を挙げた者の割合はエリツィン期よりは高いが、「政治的自由」や「正教会への敬意」などを除けば概してブレジネフ期よりも低く、結局、多くのロシア市民がエリツィン期を否定的に評価し、これに代わったプーチン期は肯定するが、それを上回ってブレジネフ期のソ連を肯定的に評価していることがわかる。

一九九〇年代初めの急進改革そのものについては、全体として是認が二一％、否認が三九％で、

三つの時期の特徴についてのロシア人の評価（2017年10月、%）

	ブレジネフ期のソ連	エリツィン期のロシア	現在のロシア
理想の存在	69	10	20
人びとの間の信頼	69	7	22
規律、秩序	66	8	23
強力な工業	63	7	28
社会的保護	62	9	27
教育における成功	61	8	30
生きる喜び	58	9	31
祖国愛	57	8	34
芸術における成功	55	8	35
誇らしい気持ち	52	8	39
科学技術における成功	50	8	41
世界における権威	48	8	43
キャリアアップの可能性	38	11	50
急激な経済発展	38	13	46
官僚主義	23	34	42
不安感	15	65	20
道義性の低さ	12	54	33
市民的政治的自由	12	29	57
苦しい経済状態	11	68	20
正教会への敬意	10	19	70
金持ちになる可能性	8	40	51
国際的紛争	8	57	35
社会的不公正	7	53	39
自分の未来に不安	6	60	34
犯罪、ギャング行為	5	77	18
汚職、賄賂	5	44	50
危機	4	44	51

太字は肯定的な特徴づけ　　　同書17ページ

「わからない」が四〇％となっている。改革はどのように行われるべきだったかを尋ねた調査では、「これでよかった」とする者は九％に過ぎず、「社会主義体制を崩さずに改革すべきだった」とする者と「改革を行うべきではなかった」とする者は合わせて二六％（ただし二〇〇四年の五九％からは低下）、「改革は進めるが民主主義の導入を急ぐべきではなかった」（中国方式支持）とする者が二二％となっていた（「民主主義と市場に向けてもっと大胆にやるべきだった」が一一％、「わからない」が三二％）。これらの調査結果から、「社会主義」を経験して、ある意味で資本主義を相対化して見ることができるようになったロシア市民は、ロシアにおける資本主義化の現実に厳しい目を向け、また種々の欠陥があったとはいえ「ソ連社会主義」を必ずしも一義的に否定していないことが知られよう（詳しくは、岡田進「ロシア市民の意識に見る旧ソ連と現在のロシア」『フラタニティ』第一四号、二〇一九年五月、参照）。

2　ソ連とは何だったたか

一九九一年末にソ連邦の解体とともに消滅したものの、四半世紀が過ぎた今でもロシアの人びとの記憶のなかに生きている「ソ連社会主義」とは何だったのか。これについては、崩壊以来、ロシアでもさまざまな説明がなされてきた。ここではまず、ロシアのマルクス経済学者A・ブズガーリンが行っている分類を参考にして（A・ブズガーリンほか編『マルクス以後のマルクス：批判的マルクス主義のポストソビエト学派』モスクワ、URSS、二〇一八年)、主な主張の要点を示しておこう。

第一の立場は、経済計画化、国家的所有、社会的保証、平等社会、科学・教育・文化における成功、強大国化などをメルクマールにして、ソ連は基本的に共産主義の第一段階としての社会主義であったとするものである。極端な集中化や官僚主義などの欠陥もあったが、ソ連社会主義は当時としては唯一可能で最適なシステムであり、これが最終的に崩壊に至ったのは、スターリン後の歴代指導部の誤り、とりわけゴルバチョフの裏切りと世界帝国主義の破壊活動の結果であるとされる。これは現在のロシア連邦共産党の綱領にみられる主張である。

なお、この変種として、ソ連をユーラシア(ロシア)文明の実在形態とみなし、スターリンを「ユダヤ人マルクスの構想をロシア国家の伝統に沿ったものに変換した偉大な指導者」として評価する立場がある(A・プロハーノフなど)。これは、崩壊の原因を指導部のスターリン的大国化戦略からの逸脱とロシアの伝統やメンタリティに反する西欧文明への拝跪に求め、ここから体制転換後の政府の新自由主義路線を厳しく批判する。この独特な左翼思想は、先に見たロシア市民の意識ともある程度通底しているように思われる。

第二の立場は、マルクスの社会主義とは異なる、官僚主義的な歪曲をともなった「初期社会主義」であった、とする主張で、社会的所有や人民権力の存在などから全体としては社会主義と認めつつ、スターリン主義をこうした社会主義の基本路線からの逸脱として厳しく批判するとともに、レーニンのネップを社会主義建設の正しい道として、またフルシチョフの雪解け、ゴルバチョフのペレストロイカ（初期）を、未完成に終わったものの、歪曲の是正と社会主義の成熟の方向に沿った試みとして評価する。哲学者B・スラーヴィンの主張などがこれに属する。

第三の立場は、A・ブズガーリン、A・コルガーノフらによって主張されている、「ソ連社会主義」は「自由の国」への世界的傾向の「変異種」として発生したとする「変異種的社会主義」論である。この体制は、資本主義の矛盾を除去するための前提は最小であったにもかかわらず、その革命的除去の必要が最もさし迫っていた世界帝国主義の弱い環であったロシアにおける「突破」の産物であり（いわゆる「二〇世紀のワナ」）、発生当初から、社会主義の少なからぬ萌芽を含む特異な非資本主義システムであった。そしてこれらの萌芽は、「ソ連社会主義」のなかで官僚主義的に歪曲された形で発展し、社会主義の「変異種」を生み出し、やがてこの変異性の革命的な除去か、さもなければ破綻かの岐路に直面し、結局、前者は実現されず崩壊に至ったとされる。

第四の立場は、ソ連は官僚主義的に歪曲された労働者国家で過渡期社会であるとする周知のトロツキーの主張である。これは、ソ連の政治・経済権力がスターリンを頂点とする官僚制に属していることを早くから最も鋭く指摘したもので、スラーヴィンやブズガーリンらの立論にも大きな影響を与えている。とくに官僚そのものはまだ資本家ではないが、やがて彼らは管理を所有に変換して資本家に転成するであろうとの当時のトロツキーの予言は、まさにその後の体制転換において的中したと言えよう。

第五の立場は、総じてソ連は社会主義とは無縁であり、その犯罪や悲劇も社会主義とは何の関係もなく、社会主義はなお未来の構想にとどまるとする主張である。実際にソ連にあったものは、国家資本主義であり（T・クリフ）、資本主義ではないがブルジョア社会であり（M・ヴォエイコフ）、アジア的専制国家であり（B・ミローノフ）、どの社会構成体にも属さない歴史的に類例のない社会である（G・ボドラーゾフ）。このなかの国家資本主義説によれば、政治・経済権力は労働者ではなくノメンクラトゥーラの手に集中され、総資本家としての権威主義的国家による資本主義以上に厳しい労働者搾取が行われていたとされる。

第六の立場は、周知の「ソ連＝悪の帝国」説である（Z・ブレジンスキーやF・フクヤマなど）。彼らは、ソ連は正真正銘の社会主義であったとしたうえで、社会主義が人類史からの逸脱、「歴史の偶然」である以上、その崩壊は当然であり、資本主義の勝利によって「歴史は終焉する」と言う。

これらの分類のなかでは、第六の立場は論外として、第一の立場も、人権抑圧など種々の犯罪行為を歴史的に不可避なものとして正当化し、崩壊の原因を体制に内在したものとみなさずに個人や外圧に還元している点で受け入れがたいし、第五の立場のなかで有力な国家資本主義説も、剰余生産物の一部が官僚への特典に当てられていたことは事実としても、価値法則が支配的であったわけでも、利潤獲得が生産の目的であったわけでもなく、まさに官僚が所有者＝資本家に転身しようとして「ソ連社会主義」が崩壊したことからも、妥当な見方とは言えない。筆者としては、おおむね第二〜四の立場に共感を覚えるが、ただ、第二のスラーヴィン説は、マルクスの社会主義からの乖離の原因が十月革命以来の客観的な事情というよりはスターリンの登場といった主観的な要因に求められ（崩壊も指導部の誤りに帰せられる）、またスターリン批判以降のソ連が、成熟に向う社会主義としてやや過大に評価されている点に疑問があり、逆に第四のトロツキー説は、一九三〇年代という時代的制約から、戦後ソ連における社会主義の萌芽の発展が視野に含まれていないという物足りなさがある。これらに比べて第三のブズガーリン説は、「変異種」という耳慣れない進化生物学の用語を用いてややわかりにくいとはいえ、「本来の社会主義ではないが、社会主義と無縁でもない」という特異現象をある程度的確に表現しており、またこの特異性の原因を発生以来の客観的・歴史的なものとみなして、その個々の是正の試みにもかかわらず、結局それが崩壊にいたるまで継続したとしている点で、最も妥当な見方のように思われる。

「変異種的社会主義」論によれば、官僚主義のような、社会主義とは異質で、それに巣食ってこれを侵食する部分（ブズガーリンはガン細胞になぞらえている）と、十月革命によって生まれた社会主義の萌芽との葛藤・闘争がソ連史を通じて展開され、最終的には後者の敗北に終わることになるのであるが、実際に「ソ連社会主義」のなかで、社会主義の萌芽的要素と非社会主義的要素とはどのように連関していたのであろうか。先の世論調査に示されたロシアの人びとのソ連への複雑な思いを理解し、人類史上初めて社会主義を実現しようとして数々の誤謬や逸脱や悲劇を避けられなかったソ連の歴史的意義を一面的でなく総体的に捉えるために、次にその簡単なバランスシートを作成してみよう。

まず、「ソ連社会主義」の現実のなかで、市場によらず、国民経済計画化にもとづく経済発展が可能なことが実証された。資源の計画的集中と分配によって、工業化などソ連の後進性の克服の課題の解決が短期間に可能になっただけでなく、基礎科学・教育・保健など社会主義の基盤となる創造的分野が優先的につくりだされた。ソ連の計画経済は資本主義の「混合経済」化にも大きな影響を与え、一時期、戦後の途上諸国の経済発展のモデルともなった。同時に、これは下からのイニシアティブを封じる極端に中央集権的で官僚主義的な計画化であり、下達される義務指標をめぐる駆け引きや省庁間の縄張り主義などの弊害をともない、また一定の発展段階でなお利用されるべき市場メカニズムを画一的に廃止したことは、多くの不効率やムダを生む原因となった。

所有においても、私有にもとづかなくても経済の発展が可能なことが示され、生産手段の国家的所有のもとですべての社会成員に平等に生存権・労働権が保障されて貧困や失業がなくなり、人びとの将来への安心が確保された。これも当時の資本主義がなしえなかったことであり、その一定の変容（福祉国家化）に影響を与えた。しかし民主的な管理参加のメカニズムを欠いていたため、労働者は実質的に生産手段から疎外され、国家的所有の主人公となったのは決定権を握った党・国家官僚であった。この結果、種々の社会的保証はもっぱら国家や指導者からの恩恵とみなされ、市民のなかに権利に対する自主的で能動的な意識が育たなかった。

分配関係では、労働不能者（子ども・病弱者・高齢者）の生活の保証や一部の社会的消費対象（教育・保健・文化など）の無償分配が行われるとともに、他の分野では労働を唯一の分配基準とする「労働に応じた分配」の原則が適用され、基本的に公正な社会が実現された。しかし同時に、この原則が歪曲されて、一方では地位による分配や官僚への特典供与が、他方では「悪平等」的分配がなされ、官僚制を強化し、勤労者の労働へのインセンティブを低下させた。

再生産関係では、発展方向や構造改編があらかじめ計画され、景気変動を免れて持続的成長を達成することができたが、他方では資源制約的経済に特有な全般的な物不足が常態化した。また企業間の競争や需要の変化に柔軟に対応するメカニズムが欠如していたため、滞貨と不足とが同時に存在し、量的増大が追求されて質が軽視され、内発的な技術革新が妨げられ、不効率や資源の浪費がなくならなかった。さらに、生産の優位が強調されて商業やサービス部面がおろそかにされ、ここでの市民の強い不満を招くことになった。

社会分野では、搾取階級がなくなり、労働者・事務員・農民・インテリなど階級・階層間の経済的差異が縮小し、教育の普及を通じて階層間の移動も容易になって、社会の同質化が進み、人びとの同志的協力関係の基盤がつくられた。民族の同権のもとで民族的差別・偏見がなくなった。しかし他方で、党・国家の高級官僚（ノメンクラトゥーラ）が社会の指導的地位を独占して一種の閉鎖的なカーストを形成し、種々の特権を享受するとともに、そこには縁故主義やクラン（一族）意識がはびこり、優秀な人材の登用が阻害された。

「ソ連社会主義」の最大の欠陥は官僚が支配する政治システムにあった。革命直後には新しい民主的システムとしてのソビエトや下からの統制機関も機能していたが、しだいにソビエトは形骸化され、スターリン時代には全体主義的な政治システムに取って代わられた。戦後、直接的暴力はなくなったものの、選挙は形式的で、事実上、言論・集会・結社等の自由はなく、共産党の一党支配が維持され、しかも権力はその最上層に集中されていた。体制に対する批判は封じられ、独自の意見をもつ者は異端者として迫害された。ようやくペレストロイカで民主化に向けての一歩が踏み出されたが、長年にわたって定着した人びとの受動性から官僚支配の打破には至らなかった。また対外関係の分野では、ソ連が世界で影響力のある大国になり、民族解放運動や新独立諸国の経済自立を支援したことは事実であるが、他方では、自国の経験を絶対化してこれを他の「社会主義」諸国に押しつけ、自国中心主義から他国の社会主義運動にも介入するなどした。

さらにイデオロギー分野では、社会主義の思想を世界に広めるうえで一時ソ連の存在は大きな役割を果したが、マルクス＝レーニン主義は国家イデオロギーとして絶対視され、多様なイデオロギーの共存やそれとの対話が否定されて、しだいに世界を刷新する革新的なイデオロギーとしての生命力を失うことになった。未来を担う子どもの教育にはとくに多くの注意が払われ、誰もが無料で大学までの学校教育や充実した学校外教育を受けることができ、教育水準も向上したが、やはり官僚主義や画一主義の弊害を免れなかった。革命直後や工業化期、第二次大戦期には、人びとの熱狂・自発性・献身が見られたとはいえ、「社会主義的人間」の形成は至難であった。

「ソ連社会主義」のこうした成果と欠陥は、機械的に峻別できるようなものではなく相互に絡み合っており、時代や分野によって両者の濃淡も異なっている。どのような価値を重視するかによって全体の評価も異なってこよう。しかし何よりも重要なことは、過去を一色に塗りつぶすのではなく、多様な歴史の現実から、将来に生かされるべきものと排除すべきものとを厳密に選別し、ここから教訓を引き出すことであろう。

3　二一世紀社会主義の模索（A・ブズガーリンの所説に即して）

ロシアでは、「ソ連社会主義」とは何だったかをめぐる議論とともに、従来の理論的枠組みの再検討や二一世紀社会主義の摸索も行われている。なかでも最近出版されたA・ブズガーリン、A・コルガーノフ、O・バラシコーヴァ『古典的政治経済学：現代マルクス主義の立場』（モスクワ、URSS、二〇一八年）では、その結びの三章で、ポスト資本主義の経済学が論じられ、マルクスの社会主義論の再構成が試みられている。ここでは、なお抽象的なものにとどまるが、ブズガーリンらが描く社会主義経済システムを、筆者なりの理解と整理とにもとづいて概略示してみたい。

「必然の国」から「自由の国」へ

マルクス主義において、共産主義はたんに資本主義の否定ではなく、あらゆる疎外社会からの人間の解放、「必然の国」から「自由の国」への人類史的な転換である。共産主義とは、人間が、食べるためにあくせく働く（しかも階級社会においては、生産手段の所有者に人格的あるいは経済的に従属して）状態から脱却して、働くことは二の次（必要最小限）になって人びとの交通＝交歓や個性の全面的な発達・開花のために多くの時間を費やすことができるようになることである。この、人間が最も人間らしく生きられるようになる共産主義への移行の前提条件は、最後の搾取社会である資本主義のもとで準備される。そこでは必要労働時間を短縮するような生産力の飛躍的な発展がなされ、それに応じて労働者の創造的な能力も格段に開発される。しかしそれらはあくまでも剰余価値の獲得のための手段にすぎず、このため本来人間を労働から解放するための生産力の発展は、歪んだ、矛盾した形態で現れざるをえない（自己裁量で働く労働者も仕事量が増えて精神的疲労度が高まり、ロボット化は新たに失業者や社会的保証のない多くの非正規労働者を生み出し、創造的労働分野が拡大する一方でルーティィーンな反復労働の領域もなくならず、労働者の自由時間すら資本支配の対象となるなど）。その意味で、「自由の国」への人類の飛躍とは、すでに十分に発達した資本主義の生産力を引き継ぐとともに、これを資本による制約から解放することである。ここでも生きるための労働時間は必要であるが、多くの自由時間をもつ労働者の高い生産性によって最小化される自由な労働は、自由時間での創造的活動と同等な内発的な生命活動の発露となり、労働と分配とを結びつける必要は消滅する。また物質的な欲求に代わって、創造的活動や人びとの交通の場における自己実現が人間の主たる欲求となることから、これへのアクセス可能性がすべての人に開かれているという意味で「欲求に応じた分配」が実現されることになる。

これは『資本論』などに示されたマルクスの未来社会の天才的な予見であるが、それから一五〇年余りを経て、資本主義にも大きな変化が起こり、共産主義への移行の前提条件の形成にも新しい状況が生まれた。一つは、資本主義の枠内での種々の適応形態（過渡的諸形態）の発展（一方で独占体による生産の計画的組織化や国家の経済過程への恒常的介入、他方で一定の社会的保証システムの形成や資本家のいない集団企業・協同組合などの連帯的経済形態の発生）であり、今一つは、労働内容の変容にもとづく、かつての工場労働者とは異なる創造的労働者の登場（一方で特権層化して資本に奉仕する側面をもつとともに、他方で自己の能力の自由な発揮を資本によって制限され、疎外された労働を強いられることから同じ雇用労働者として他の労働者とも連帯しうる）である。従来、資本主義の内部で形成されるのは社会主義の物質的基盤だけだとされてきたが、過渡的諸形態は変容された形で新しい社会に引きつがれるし、また今や変革の主な主体は、マルクスの時代のような工場労働者ではなく、科学の技術的適用や教育・保健・文化・自然保護など創造的な分野に従事する労働者である。

不完全な共産主義としての社会主義　潜在的には資本主義の内部で始まっている「自由の国」への移行は、実際には、社会主義的変革によって資本の支配が打破されること（労働の形式的解放）を通じてはじめて可能となる。そしてここから「自由の国」の実現（労働の実質的解放）に至るまでの過渡的な過程が社会主義にほかならない。ここでは、生産力の面では、消費を削減することなく労働時間を大幅に縮小することにはなお一定の限界があり、分業への従属から解放される程度もまだ共産主義に比べると低い。生産関係の面でも、共産主義的な関係はなお未成熟であり、①共産主義としての共通の要素、②資本主義から引き継がれた要素、③両者が結びついた社会主義に特有な要素が並存する。

資源分配は、創造的分野（教育・保健・文化・自然環境保護など）では、基本的に誰でも無料で入手・享受できるような自由な形で行われ、物的生産の分野では、生産者・消費者・管理サブシステムの三者が主体となった「計画をめぐる対話」として練り上げられる計画と、規制された市場メカニズムとが結びつけられる。社会主義のもとでも商品関係は一定の範囲で利用されるが、しだいに直接計画的関係に取って代わられる。

生産の目的は、共産主義と共通して、物的消費の増大ではなく、個性の全面的な発達と自己実現であるが、なお生産力が低い段階では両者のあいだには一定の矛盾がある。また労働者と所有の管理機能を担う者との分業が存在する限りで、階級対立の潜在的可能性もなくならないが、その顕在化を避けるためには労働者が所有者機能の遂行に恒常的に引き入れられること（管理参加）が不可欠である。

所有関係では、創造的分野では、その利用がすべての人に無償で開放されるという意味で共産主義的な一般的所有（すべてに対する各人の所有）が実現される。物的生産の分野では、各人がすべての生産手段に直接かかわることは不可能であるが、その代り、すべての市民には、物的資源の上位の共同所有者（アソシエーションのメンバー）として、生産や所有対象の利用にかかわる一般的計画策定への参画、社会の費用での熟練養成と再訓練にもとづく任意の社会的労働への参加、生存保障を含む社会的福利セットの取得などの諸権利が保障される。具体的な企業の所有形態には、生産の社会化の水準に応じて、労働集団が広範な自主管理権をもつ国家的所有、集団企業・協同組合・株式会社など社会的所有への過渡的形態、一定の社会的基準の遵守を義務づけられた勤労的私的小所有（個人営業）などの諸形態がありうる。

分配関係では、消費対象の一部だけが共産主義的原則（知識・情報・文化財への無制限な無償アクセス、労働不能者の生活保証）およびこれに準ずる平等原則（教育・医療サービスの無料化）によって分配され、他は社会主義に固有な分配形態としての、ブルジョア的権利の名残りをとどめる

「労働に応じた分配」によって行われる（ただし所得の分化は個人的労働貢献の差異だけに限定され、商品関係とは異なって生産条件の相違などは含まれない）。なお社会主義の初期段階では、搾取に由来するものではないとはいえ、私有からの所得や株式配当・預金利子などもありうるが、しだいに制限され、なくなっていく。

資本主義から社会主義への過渡期　さまざまな形で資本の活動を縛り、勤労者の状態の改善をはかる民主的政府が、さらにその限界を打破すべく世論の支持を得て社会主義政権に転化し、社会主義変革に乗り出すとしても、直接、社会主義の段階に移行できるわけではなく、そこには資本主義から社会主義への過渡期が必要となる。この時期の特徴は、社会主義（不完全な共産主義）、資本主義、前資本主義など質的に多種の生産関係が並存していることである（多ウクラード制）。ソ連のように資本主義の発展が弱かったところでは、先進諸国に追いつくための工業化や文化水準の向上が過渡期の主要な課題の一つとなった。

種々のウクラード間では相互作用が行われるとともに、矛盾や闘争もあり、生産力や効率の向上のために役立つ限りで古いウクラードをも維持し、利用しなければならない一方で、復古を防ぎ社会を前進させるためには、これらを規制し、制限し、社会主義的ウクラードのいっそうの強化をはからなければならない。過渡期におけるこの困難な舵取りに成功すれば、しだいに社会主義的ウクラードが支配的になって社会主義の段階に移行することができるが、場合によっては条件が整わないままこの過程を短縮しようとして袋小路に陥るか、あるいは資本主義に後退する恐れもある。実際に一九三〇年代のソ連では、工業化や軍事力強化をはかる過程で非社会主義的ウクラードの消滅が行政的圧迫を通じてきわめて性急な形で行われ、官僚主義的な「変異種的社会主義」を現出させることになったし、逆に現在の中国では、過渡期における商品関係の本質的な拡大が資本主義の強化・発展をもたらし、社会主義への移行を当面展望不可能なものにしている。

おわりに

ロシアでは、原燃料輸出に立脚する買弁的なオリガルヒとこれと一体化した官僚が経済・政治権力を握り、新自由主義政策や権威主義的支配を通じて市民生活を圧迫しているが、客観的条件からしても、左翼勢力の力量からしても、現在、社会主義的変革が直接日程に上っているわけではない。ロシア連邦共産党は広範な人民＝愛国勢力の民主主義的権力の樹立を当面の目標としているし、ブズガーリンたちのグループも民主的左翼の最小限綱領としての「人間のための経済」を提示している。この後者は、「市場原理主義と権威主義との『負の収斂』を、規制された市場と市民的自由との『正の収斂』に転換する」という代替案であり、そのさい、たんなる所得の再分配ではなく、公正や人間の発達それ自体が成長の原動力となるような社会の創出を目指している。また輸入代替の強化を契機に、支配的な資源資本に対抗して、原料レントや官僚との癒着とは無縁な、独自の技術革新によって資本蓄積を進める非原燃料部門の資本も育っており、その代替的な近代化路線が、内需の拡大による高成長、生活水準の向上、農村や地方の振興、汚職の除去など勤労者の利益につながる限りで、反オリガルヒの統一戦線の幅を広げる可能性もある。

ロシアの危機的状況からの脱出は、どのような勢力が主導して、どのような形で行われるのか、何らかの民主主義的権力は将来どのような問題に直面し、どのような解決の道を見出すのかなど、いま先行きを予測することは困難である。ブズガーリンも指摘するように、グローバル化され、新しい技術様式に移行しつつある現代では、中国や一部の途上諸国で成功したような二〇世紀型の産業資本主義的発展の道によってロシアが成功する蓋然性は高いとは言えず、むしろ知識産業や教育・保健・自然環境保護などの人間発達にかかわる分野で、先進諸国をも追い越すような何らかの新しい「飛躍」が必要となるかもしれない。いずれにせよ、ロシアの左翼勢力が目指している資本主義から社会主義への転換は必ずしも夢物語だとは言い切れないが、そのさい「ソ連社会主義」の轍を踏まないためにも、その全面的な総括と新しい社会主義論の構築が求められていると言えよう。

ただ、これはひとりロシアだけの問題ではない。まさに「自由の国」がそれに適合的な、ポスト産業的な時代を迎えつつある現代において、社会主義の明確なビジョンと展望をもつことなしには「よりましな資本主義」に対してても正しいスタンスを定めることはできないであろう。

J・S・ミル社会主義論の諸側面

武田信照

はじめに――ミルは社会主義者か？

J・S・ミルは『自伝』の中で、テイラー夫人との思想的交流を通じて、自らが社会主義者になった経緯について次のように述べている。以前には「私有財産、それに財産の相続ということが、法律上変更の余地のない制度である」と思っていて、「民主主義者ではあったが社会主義者ではなかった」という。しかし二人の思想的交流によって私一人のときとくらべると民主主義者からは大分遠くなり、「われわれの前進の究極の理想は、はるかに民主主義の域を越えて、はっきりと社会主義者という一般的呼称の中にわれわれをおくもの」になったと記している。つまり「将来の社会問題は、どうすれば個人の行動の最大の自由を、地球上の原料の共有、および、共同の労働の利益への万人の平等な参加ということと一致させ得るか、であるとわれわれは考えた」というわけである。

この民主主義者から社会主義者への転進をより具体的に示すものこそ、『経済学原理』（以下『原理』）第三版（一八五二年）の第4編第7章「労働階級の将来の見通し」（以下「将来」章）における協同組合社会主義への積極的評価である。こうした社会主義的実験への評価は、『自伝』によれば、「初版ではそれほど明瞭に十分にとはいえないが、二版ではやや詳しくなり、三版ではまず曖昧なところがないまでになっている」のである。この変化には一八四八年のフランス革命が少なからぬ影響を与えている。初版はこの革命の前に執筆されたもので、そこでは「社会主義の難点が強く述べられて、そのため全体の調子は反社会主義的でさえあった」が、しかしその後の研究と思索の結果「この問題について初版で述べてあったことの大部分がけずられて、もっと進んだ意見を表明する議論や反省がそれにとってかわったのであった」とミルはいう。この思想的転進の過程に、二〇年来親密な関係を続けてきた、夫と死別したテイラー未亡人との結婚（一八五一年）が挟まっている。

以下「将来」章におけるミルの社会主義論を中心に、晩年の未完の草稿「社会主義論」をも視野に収めながら、その諸側面・諸特徴に触れたいと考える。しかしその前に、簡単ながら検討しておくべき問題がある。それは「将来」章におけるミルの見解に対する伴侶となったミル夫人の影響についてである。この点についてミルは『自伝』で、『原理』の中で「他のどの章にもまさって世論に大きな影響を与えた「労働階級の将来の予測」の一章は、完全に妻に負うものであって、同書の最初の草稿にはあの章はなかったのである。妻は、そのような章の必要なこと、それがなくては全体がいかにも不完全であることを指摘した。妻が、私にそれを書かせたもとであり、その章の比較的概論的な部分、労働階級の正当な生活条件に関する二つの相対立する説を述べてそれを評論しているあたりは、完全に妻の考えを解説したものであり、時には言葉までが彼女の口から出たものであった」と言っている。関連して、ミル経済学を特徴づける自然法則としての生産の法則と、人の意思によって決定される分配の法則を峻別する視点とその視点から導かれる「経済法則は自然の必然性だけによってきまるのではなく、それと現存の社会機構との組み合わせによってきまるのだから、当然それは一時的なもの、社会改良の進度によって大いに変化をうけるべきもの」だという『原理』全体の調子は、主として「妻の力」、「妻の刺激」によるものであったといい、それが全巻に生気を吹き込む強い指導原理となったともいう。

ミルがこうした妻の力・妻の刺激を語るのは、『原理』に限らない。「私が書いた他のどれよりも長い生命を持ちそうに思われる」と自負している『自由論』(一八五九年)についても同様である。ミルはこの著書について「私の名を冠した他のどの著作とくらべても、より直接に文字どおりに二人の合作であった」という。

ここで描かれたミルの思想や著書への妻の影響が、七年余の短い結婚生活の後急病死した妻への愛惜の気持ちから来る誇張に近いものであったか、実態に限りなく近いものであったかは、なかなか判別の難しい問題である。仮に後者であったとしよう。そうであってもミルも言うように、

「二人が同じ原理から出発して、力をあわせて追及する過程を経て共通の結論に到達するとき、そのようなときには創意がどちらにあるかについて、二人のどちらがペンをとるかなどは大した問題ではない」。「生れてくる著作はまさに両者の合作」であって、そこに含まれる思想は両者の共有するものといってよい。この意味で「将来」章における協同組合社会主義への積極的評価は、ミル自身のものでもあったといわなければならない。しかし彼を社会主義者とする点への異論が以前から提起されている。この問題については拙著『株式会社像の転回』（梓出版社、一九九八年）のやや長い注で、内外の所説を検討している。その結論は、特定の社会主義像を絶対視しない限りミルは社会主義者であり、より立ち入って言えば、彼は何よりも協同組合社会主義者であり、同時に進化社会主義者、市場社会主義者であったということであった。

この問題に焦点を絞った近年のわが国での詳細な研究は、安井俊一『J・S・ミルの社会主義論』（御茶の水書房、二〇一四年）である。力作である。しかし私の見方とは対立して、ミルの社会主義への基本的視角は、それを否定も肯定もせず、資本主義と比較しての体制的選択を社会的実験に委ねる比較体制論的視角であったとされている。『原理』「将来」章の見解は、ミルのものではなく限りなくその夫人のものだと見られているのである。しかし妻とはいえ自らの思想と異なる見解を、ミルが自らの名で最晩年まで公刊し続けるであろうか。それは思想家としての自殺行為といってよい。ただミルの基本的視角にかかわる同書の見方が無根拠というわけではない。例えばミルは、『原理』第二編「分配」論において次のようにいう。「われわれは、最善の状態における個人制がどのような成績をあげることができ、また最善の形態における社会主義がどのような成績をあげることができるかということについては、目下のところあまりに知るところが少ないから、この二制度のどちらが人類社会の終局の形態になるかを決定する資格はないのである」、あるいは「数ある共有財産制のうち土地および資本の私有制に基づく『産業組織』を廃し、これに代わって登場すべき制度として適当なものがあるか、あるとすればどの程度まで適当であるか、あるいはいつ適当となるかということは、実験が解決すべきことである。」等々と。晩年の草稿「社会主義論」にも同趣旨の文言がある。一見「将来」章の見解と相容れがたいもののように思われる。しかし両者を繋ぐ糸はないのであろうか。

そもそも『原理』第二版から晩年の第七版にいたるまで、「分配」論と「将来」章の文言は、基本的に変わることなく併存している。このことはミルの認識の中では、両者は互いに斥けあう二律背反的見方ではなかったということになろう。わたしも文言の一言一句をとれば、完全に重なりあうとは思わないが、しかし次のように問題を立てることはできる。体制的選択を社会的実験に委ねる比較体制論的視角から見て、フランス革命後の協同組合運動の進展とその運動が孕む思想とは、どう評価されることになるのであろうか、と。社会主義思想と連動し、しかし彼がそれまで検討してきた共産主義・社会主義の諸思想とは異なる協同組合運動という社会的実験、その実験を詳細に分析する中で、なお比較体制論的視角を残しながらも、それが体制的選択の問題の解決を予示しているとミルが考えたとしても、不思議ではないのではなかろうか。ミルが本意では社会主義を否定もしなかったが肯定もしなかったというのでは、ミルの友人・信奉者ともいうべき人々が国際労働者協会（第一インター）の結成に参加し、議長オッジャーをはじめ枢要な役割を果たしていたことが理解しがたいことになろう。

ミルの社会主義論

ミルの社会主義論の核心をなすのは、協同組合社会主義論である。ただ協同組合社会に到達する過程と到達した後の協同組合の相互関係については、またそれぞれに独自の視点がある。それらの各側面を検討するとともに、その今日的意義が強調されてよい彼の停止状態論と社会主義論との関係についても触れることにする。以下は大略、拙著『ミル・マルクス・現代』（ロゴス、二〇一七年）の当該部分を再構成する。

A　協同組合社会主義

「将来」章では「雇用関係の廃棄」を目指す二つのアソシエーションの組織化が提唱されている。一つは「資本家と労働者のアソシエーション」であり、二つは「労働者たち相互の間のアソシエーション」である。

前者は「労働による貢献か金銭的資源による貢献かを問わず、その人の貢献したものの価値に比例して、パートナーとして利害関係を持つ」関係であるが、この形態でミルが最も重視しているのは利潤分配制である。この形態の典型として挙げられているのは、パリの家屋塗装業者ルクレールが三〇年も前に始めた実験である。支配人と労働者が固定的な給料を得た後に、さらに「各自の給料に比例して、剰余の利潤を分け」あい、これによって労働意欲と労働規律が増大したという。類似の例として、デュポンによる印刷業、ジスケによる製油業などをあげて、協同原理の実現を準備する実験的試みとして高い評価が与えられている。イギリスについてもミルは第六版にウイットウッド・アンド・メスリー炭坑のブリッグス商会の事例を紹介している。ここでは利潤分配だけでなく、労働者に対する株式の優先的割り当ても行われており、ミルは労働者に対してだけでなく社会的進歩にとっても「大きな福音」を与えるものとして最大級の讃辞を捧げている。さらにこの形態の企業では、首脳部の死か引退かの際に、純粋に労働者間のアソシエーションである協同組合組織に移行する場合のあることを、実例を挙げて紹介している。

労働者間のアソシエーションとは、ミルの規定するところでは「労働者たちがその作業を営むための資本を共同で所有し、かつ自分自身で選出し罷免できる経営者のもとで労働するところの、労働者たち自身の平等という条件に則ったアソシエーション」であり、いいかえれば労働者協同組合である。ミルは労働者協同組合の成功した実例としてパリのピアノ製作工場の例を挙げている。道具と材料は自分で仕事をしていた数人が提供し、流動資本は共同で出資された。生活の窮乏をいとわず資本形成につとめた設立当初の精神の継続と組織的規律の厳守によって、経営は順調に拡大し、二つの組織に分かれたが、その一つだけで設立五年で当初の流動資本の三〇〇倍ほどを所有するにいたったという。フランスにおける協同組合運動は、ランケ・アソシエーション(印刷業)、ランプ製造職人友愛組合、宝石職人組合、サン・タントワーヌ家具製作組合など、多くの成功例を生み出していることが紹介されている。この運動は、ドイツ、イタリア、スイスにも広がり、イギリスにおいてもフランスに匹敵する成功例として、ロッチデイル公平先駆者協会の発展過程を詳細に紹介している。この協会は、当初労働者の家庭用品を調えるための小店舗の設立から始まり、一〇数年を経て食料品部、衣料品部、食肉部、製靴部など七部門を抱えるまでに成長し、さらに製粉工場や綿および羊毛工業など製造業にまで事業を拡張しているというのである。彼はこの協会以外の実績にも言及しつつ、「協同組合は今日、現代の進歩的傾向を構成する重要な要素」として認識されるにいたっているという。

ミルは第二形態のアソシエーションであるこのような協同組合の社会的浸透によって、勤労者と有閑者に分裂した状態が廃止されることを希求しているのであるが、しかしそれが利潤分配制をとる第一形態のアソシエーションと、かなりの期間にわたって共存することが望ましいと考えている。後に触れるように、資本家によって指揮される産業パートナーシップとの共存こそ、協同組合の理事者たちの積極性を高め、警戒心が低調になるのを防ぐ点で有益だと考えられているからである。とはいえ究極の事態は、協同組合が支配的となる社会状態の実現が企図されている。「結局、しかもおそらくは予想以上に近い将来において、私たちは、協同組合の原理によって次のような社会――個人の自由および独立と集団的生産の道徳的、知的、経済的な利益とを兼ね備えた社会、暴力や略奪に訴えることなしに、また現存の習慣や期待を急激に撹乱することさえなしに、少なくとも産業の部面において社会が勤労者と有閑者に分裂するのを廃止し、自分の個人的な勤労努力によってかちえたもの以外の全ての社会的優越性を消滅させることによって、民主的精神がいだく最善の抱負を実現させた社会――への変革にたどりつく道をもちうるであろう」。

この文言の中に、彼の希求する協同組合社会主義が「個人の自由および独立」を基礎として、それを「集団的生産の道徳的、知的、経済的利益」と統一させた社会であること、このような社会の実現は「暴力や略奪」に訴えず、漸進的に進めなければならないと考えていること、その実現が「予想以上に近い将来」に可能だと楽観していることがよく現れている。

B　進化社会主義

ミルは上記の協同組合社会主義の実現は「暴力や略奪」に訴えず、漸進的に進めなければならないと考えている。シュムペーターが彼を「進化論的社会主義者」と呼ぶゆえんである。この問題には、ミルの二つの観点が関係している。一つは彼が社会主義の実現を「社会的実験」の結果として捉えようとする観点であり、二つは歴史の根底的変化について独自の観点である。

ミルには社会主義を歴史的必然として捉える観点はない。またそれは少数の賢者による理論的考察によって決定されるべきものでもない。彼は体制的選択には「実験の機会」が必要であり、この実験は大衆自らの手による社会的実験でなければならないと考えている。人々は「自分たちのために思考する仕事およびいかに行動すべきかを決定する仕事を支配者の手にゆずりわたしてはならない」のである。協同組合論に見られる自立＝自己統治を強調する彼の思想からすれば、当然というべきであろう。この意味で、彼は社会生活の諸機能の運営という困難な問題に、社会的実験という準備もなく突入し、一撃のもとに「中央権力による国の全生産資源の管理」に移行する、いわばエリートに主導された、フーリエ主義等の社会主義と区別されるところの「革命的社会主義」を厳しく斥けている。もしこの試みが反対されれば、自分たちの英知に自信をもち、他人の苦悩に容赦のない指導者による「恐ろしい流血と不幸」とがおこるであろうと、ロシア革命の推移を先見するかのような予想さえしている。このような見地から、彼は産業パートナーシップと協同組合、ことに後者の成功と普及という社会的実験を通して、社会主義が肯定的な社会的認知をうける必要を強調している。協同組合のネットワークとしての社会主義の実現は、その結果でなければならなかった。しかし彼はその実現をたんに期待していただけでなく、大いに確信もしていたのであった。

社会主義への漸進的進化という第一の観点は、歴史の根底的変化についての次のような第二の観点と密接に関連している。「歴史における則座の結果は、一般に皮相なものである。将来の出来事の根底に深く根ざしている諸原因は、その結果の最も重要な部分をゆっくりとしか生みださず、またしたがって、それらが生みだしつつ諸変化に一般の注目があつめられまでに、そのまえに時間がすぎて周知のものごとの秩序の一部となっている」。歴史の根底的変化は、本質的に緩慢であるというのである。だからまたその変化が人々に感知されるころには、それは既存の社会秩序の一部と化しているということになる。これだけで歴史のダイナミズムを捉えきれるかという疑問は残るが、それは置こう。この歴史的変化の認識と関連して、彼が社会主義の主体的条件という問題に関して、次のように指摘している点に注目しておきたい。彼は「社会の再生のための計画は、平均的な人間を考慮しなければならない」ということを強調している。平均的な人間が無理なく受けいれることのできる社会秩序でなければ、それは長続きできないとみられているのである。だからまた彼はいう、共産主義の成功のためには、その条件として社会成員の道徳・知性双方の高い水準を必要とするが、「現在の状態からそれへの推移はゆっくりとしたものでしかありえない」し、「用意のできていない住民たちを共産主義社会に強制することは、たとえ政治革命がこのような試みをおこなう権力を与えるにしても、失望に終わるであろう」と。ソ連「社会主義」の歴史的経験を予見したかのような指摘といってよい。

C　市場社会主義

ミルの期待する社会主義は、協同組合のネットワークとしての社会主義であるが、協同組合間の関係は、中央権力の計画による一元的管理を排して、自立的な協同組合が競争的市場によって媒介されるものとして捉えられている。この見地は、彼の競争の役割の重視と重なり合っている。

ミルによれば、当時の社会主義者は私的所有とともに競争を労働者階級に疫災をもたらすものとして敵視していた。つまり「今日存在するあらゆる経済的弊害をば競争の所為に帰している」のである。しかし彼によれば、この敵視は競争についての誤解にもとづく。つまり最良の社会主義者でも、「競争の作用についてはきわめて不完全な一面的理解しかもっていない」のである。彼らは現経済制度のもとでの競争の作用についても、その効果の半分しか認めず、他の半分を見過ごしている。たとえば競争は「すべてのものがかれの労働にたいして以前よりすくない賃金あるいはかれの商品にたいして以前よりすくない価格をうけとらざるをえなくさせる作用因」とみなされている。しかし「実際には、競争が双方において完全に自由であるばあいには、その傾向は、商品の価格をとくに騰貴も下落もさせず、ひとしくさせるのであり、報酬の不平等を平準化し、すべてのものを一般的平均におちつかせる」のである。逆に「競争が存在しないところでは、どこでも独占が存在するということ、そして独占というものは、そのすべての形態において、勤労者に租税を賦課して怠惰者……を扶養することである」ということを忘れていると指摘する。

競争への敵視は社会主義における競争の排除を主張させる。しかしミルは、協同組合が競争状態から解放されれば、生産性の減退をもたらす可能性の高いことを危惧している。彼が第二形態のアソシエーションが資本家によって指揮される第一形態のアソシエーションと共存するのが望ましいと考えたのもこのためである。私的資本家との競争が、「協同組合の理事者たちの積極性と警戒心とが低調になるのを防ぐうえで非常に有益である」からである。この競争の意義の強調は、協同組合のネットワークからなる協同組合社会が成立した場合についても同様に貫かれている。彼は社会主義者達の共通の誤りとして、「習慣の奴隷」となり、「いったん選んだ途をいつまでも変えまいとする傾向」、つまり改革に消極的となりがちな人間の性向を看過することをあげ、競争は「進歩への刺激」として、最良のものではないにせよ現在においては必要なものとみなしている。たとえば「ある共同組織の会員総会を誘導してある種の有望な新発明を採用させ、それによってその習慣を改変する煩労と不便とを甘受させるということは、いやしくも彼らが競争者たる共同組織が存在することを知り、そのため、自分たちがなそうとしないことを他の人たちがなしはしないか、その結果自分たちは競争に負けはしないかという恐れをいだくのでないかぎり、容易なことではない」という。また競争がこのようにして勤勉や技術革新に大いに役立つとすれば、それは「消費者達の、いいかえればもろもろのアソシエーションの、つまり勤労者階級全般の利益」となる。協同組合社会では、協同組合間の競争状態の維持が、生産力の改良・発展に不可欠だとみられているのである。

ミルの構想する社会主義は、それを競争と結合させたところに核心の一つがある。つまりそれは、それぞれに自立した協同組合が市場競争によって媒介される社会主義である。単位をなす協同組合は、それを構成する労働者が自主的に協同・協議して計画し、管理し、生産する。それは自立的権限をもっている。ただ協同組合間の関係は、市場競争によって規制される。このように協同組合間の関係が市場によって媒介されるとすれば、それは「革命的社会主義者」の提唱する「中央権力による国の全生産資源の管理」という集権主義的社会主義とは対極にある、分権的社会主義・市場社会主義といってよい。今日の社会主義論議の一焦点でもある新たな社会主義像のいち早い提起ということもできる。

D　停止状態社会主義

ミルは『原理』第四編第六章で、それまでの数章における利潤の低下傾向の摘出を受けて、「停止状態＝定常状態」を論じる。この章の内容は、初版から最終第七版まで基本的に変わるところはない。ミルの一貫した所説であるといえる。問題はその議論と第三版「将来」章で新たに組み込まれた協同組合社会主義との関係である。先ずは彼の停止状態論そのものを確認しておこう。

ミルによれば、「富の増加が無際限のものではない」ということ「終点には停止状態が存在する」ということは、明瞭さに違いはあるにせよ、経済学者たちにより「ともかくも必ずいつの場合にもみとめられてきた」のであった。地球上の経済諸資源が有限であり、経済活動を許容できる自然環境にも限度がある以上当然ともいえる。彼の利潤率低下傾向の分析は、この点を資本蓄積過程の問題として解明しようとしたものである。彼は資本の増加、人口の増加、生産の改良という三要因が様々に組み合わされた五つのケースを想定して、それぞれが諸階級への生産物の分配に及ぼすその影響を分析して利潤の低下傾向を析出している。この傾向に抵抗する反作用的要因として、恐慌期における資本破壊、賃金低下を可能にする生産上の改良、安価な必需品の輸入、過剰資本を減少させる資本輸出をあげる。中でも外国貿易と資本輸出が重視されているが、その作用にも限度があり、富裕な国では停止状態に接近する圧力がかかり続けていて、「停止状態を最終的に避けることは不可能である」と考えられている。

ミル以後、これらの反作用的要因の中、資本破壊という点では二度の世界大戦の役割が大きく、その後の経済成長の背景となった。また外国貿易と資本輸出も大幅に進展し経済成長を促したが、いまや新たな領域を見いだしがたくなっている。おおまかに歴史の推移をみれば、利潤率低下圧力がかかり続けるなかで反作用的要因は乏しくなってきている。今日では先進諸資本主義国では異常ともいえる低金利に象徴されるような低成長が体質化している。このような停止状態＝成長の限度という問題は、資本主義に固有の問題ではなく、資源や環境問題が深刻化した現在では、人間社会に普遍的な問題である。社会主義への体制的転換があったとしても、この問題を避けることはできない。ミルが「将来」章で協同組合社会主義への転換を論じる場合も、それが直前の第六章の停止状態論を踏まえられていることに示されるように、明言こそされていないが、事実上その社会主義は停止状態を前提とし、それと不可分な社会主義といわなければならないであろう。ではこの停止状態社会主義とでも呼ぶべき社会を、彼はどう評価していたのであろうか。停止状態と社会主義とは親和性をもっているのであろうか。

ミルは停止状態を多くの人とは違って嫌悪の情をもって見ない。むしろ現状よりも大きな改善になるものと考えている。彼は自らの経済的地位の改善に苦闘することこそ正常状態で、そのために人を踏みつけ、押し倒すことが人類の運命であるという考えには「魅力を感じない」という。それは文明進化の一段階ではあっても、社会の完成した姿ではない。彼にとって最善の状態とは、誰も貧しくなく、そのためにもっと富裕になりたいとは思わず、また他人の抜け駆けを恐れる必要のない状態である。後進国では富の増加が目的となるにしても、進歩した国々に必要なのは「よき分配」と「厳重な人口の制限」であるというのがミルの見方である。

「よき分配」は、一方における個々人の節倹と勤労に応じた果実の取得と他方における財産の平等を促進する立法（贈与・相続による取得金額の制限）とが共同で作用することで実現する。労働者層の給与は高くなり、個々人が自ら獲得できたもの以外に莫大な財産はないが、荒々しい労苦を免れて心身ともに余裕をもって人生の美質を探求できる社会になる。「人口の制限」についていては、技術の進歩と資本の増加が続けば、その一大増加を容れる余地はあるにしても望ましいことではない。協業と社会的接触に必要な人口の密度は、人口周密な国では達成されている。地球が人口を養うために開発されつくして、「自然の自発的活動」の余地が残されていない世界は、人に満足を与えない。ミルは強調する、地球から自然が与える楽しさをことごとく取り除くとすれば、「私は後世のために切望する。彼らが必要に強いられて停止状態に入るはるかまえに、自ら好んで停止状態にはいることを」と。

最後にミルは、経済の停止状態が人間的進歩の停止を意味するものではないことを確認する。そこでもあらゆる精神的文化や社会的進歩の余地がある。むしろそこでこそ、文化的、道徳的進歩がこれまで以上に大きな目的となる。産業上の技術改善の余地もこれまでと変わらない。その改善は富の増加という目的のみに奉仕することを止めて、労働の節約という本来の効果を生むようになる。

以上のようなミルの見解には、諸資源の限界性の指摘や経済的目的から行われる「自然破壊」

への厳しい批判が含まれているが、ここで注目しておきたいのは、停止状態が人間社会にとっての精神的、文化的、道徳的進歩にとってもつ意義の強調である。彼はひたすら自分の経済的地位の改善を求め、そのために人を踏みつけにすることも厭わない社会状況を正常とは見ない。それは文明進化の途上における過渡的な一段階にすぎない。精神的、文化的、道徳的進歩こそ文明進歩の核心であり、それはやみくもな経済成長からの転換が行われる停止状態においてこそより強まると見られている。今日焦眉の課題となっている経済成長至上主義から訣別する文明観の転換の要請が、早々と表明されている。こうした停止状態への見方は、労働者階級の解放は、貧困からの解放にもまして、彼らの知的能力と道徳的徳性を高めて自己統治能力を獲得する点にあるとする彼の社会主義観との親和性が強い。ミルにとって停止状態は社会主義論の不可分の一部だったといってよい。

おわりに――マルクスとの対照

マルクスはミルに遅れて生れること一二年、彼もまたミルとほぼ同時代が活動の舞台であった。彼は一八四八年革命の敗北後イギリスに渡ることになるが、ここで一旦実際的活動から離れ、変革のための理論的基礎を固めるために経済学の研究に集中することになる。当然当時大きな影響力をもっていたミル経済学も批判的検討の対象であった。それは一八五〇年代の『経済学批判要綱』以後のミル批判の中に記されている。一八六〇年代に入ると、対ミル関係は単に理論上だけでなく、実践的側面が加わってくる。国際労働者協会＝第一インター（一八六四年創立）には、ミル本人こそ加わってはいないが、彼の友人・信奉者ともいうべき人々が参加していた。国際労働運動における思想と路線をめぐる主導権争いの側面が加わってきたのである。ここではこのように同時代を生きたミルとマルクスの社会主義像をめぐる思想的異同について触れておきたい。それによってミルの思想的特徴を逆照射できよう。なお協同組合と現代との関連については触れる紙幅がない。

Ａ　マルクスが協同組合にはじめて言及したのは一八五〇年代の初頭であるが、その評価は否定的なものであった。協同組合への熱中は、古い世界自身のもっている巨大な手段をすべて使って、この古い世界を変革することをあきらめる「空論的な実験」、「かならず失敗する運動」だと酷評する。しかしこの評価は六〇年代に入ると大きく変化する。彼は自ら執筆した「国際労働者協会創立宣言」のなかで、協同組合運動を指して「所有の経済学」に対する「労働の経済学」の最も大きな勝利を示すものだといい、「これらの偉大な社会的実験は、いくら大きく評価しても評価しすぎることはない」という。というのも、それは議論によってではなく行為によって、近代的生産にとって主人としての資本家は不必要なこと、賃労働は自発的で喜びに満ちた心で勤労にしたがう「連合労働」に席をゆずらざるをえないことを示しているからである。同協会のジュネーブ大会への提案文書のなかにも、この「宣言」と同じ立場から、さらに包括的な考察が試みられている。そこでは協同組合の社会的実験としての大きな意義が指摘されるだけでなく、消費協同組合よりも生産協同組合に力点をおくべきこと、普通の株式会社への転化を防ぐために出資者を含め全雇用労働者は同様な分け前にあずかるべきこと、など協同組合運動への政策的指針が示されている。『フランスの内乱』では、資本主義生産の内部で発展する協同組合が新しい生産様式への過渡形態というだけではなく、次の生産様式＝共産主義そのものが諸協同組合の連合体として積極的に規定されるにいたっている。「協同組合の連合体が一つの共同計画にもとづいて全国の生産を調整し、こうしてそれを自分の統制のもとにおき、資本主義的生産の宿命である不断の無政府状態と周期的痙攣とを終わらせるべきものとすれば、諸君、それこそは共産主義、『可能な共産主義』でなくてなんであろうか！」と。

このようにマルクスの協同組合観が変化して、資本主義に代わる次の生産様式が協同組合の連合体としてとらえられるようになったという点に限れば、ミルとマルクスは同じ立場であるといってよい。しかし次項以下で言及するように、協同組合の連合体が形成される過程および形成された諸協同組合間の関係の捉え方に大きな相違がある。

B　先に見たように、ミルは雇用関係の廃棄を目指すものとして、産業パートナーシップと協同組合との二つのアソシエーションの組織化を提言しているが、協同組合社会への途はこの二つのアソシエーションの競争的共存の過程を経て漸進的に進むものとされる。これに対してマルクスは勤労大衆を救うためには「協同労働の全国的規模での発展が必要であり、そのためには国民の資金でそれを助成しなければならない」こと、したがって「政治権力を獲得することが、労働階級の偉大な義務となった」こと、それなしには協同組合によって「大衆を解放することはけっしてできない」ことを強調する。生産様式の移行に果たす政治権力の先行的獲得のもつ意義の強調である。

ブルジョア革命と社会主義革命の異質性を強調し、社会主義的生産様式を新たに意識的に作り上げるものとして政治権力の役割を重視する革命観に、レーニンに由来する革命観がある。マルクスの革命観は、資本主義の胎内に社会主義的生産様式の基礎となるものが生れてくると見られている点でレーニンの革命観と区別されなければならない。それは一方で株式会社における所有と機能の分離＝「経営者から最下級の賃労働者にいたるまでの全てを含む現実の生産者」による現実資本の支配であり、また他方で協同組合の形成である。こうした違いはあるが、レーニンと同様に社会主義の実現には政治権力の先行的獲得が不可欠だという認識はマルクスを一貫する。『共産党宣言』における国家集権主義的構想はその後修正を加えられ、社会主義は協同組合の連合体として把握され直されるが、しかし政治権力の先行的獲得と、国家の手に集中するか協同組合の助成のために配分するかはともかく、その政治的支配を利用してブルジョア階級から資本を奪うことを政治権力の任務とする点に変わりはない。ミルとの異同は明白である。

C　ミルもマルクスも実現されるべき社会主義を「協同組合の連合体」として捉えている点では共通であったが、しかし協同組合間の関係については異なる理解をもっている。ミルが協同組合間の関係を市場競争に媒介されたものとして捉えていたのに対し、マルクスはそれを共同計画に媒介されたものとして捉える。先に紹介したように「協同組合の連合体が一つの共同計画にもとづいて全国の生産を調整し、こうしてそれを自分の統御のもとにおき、資本主義的生産の宿命である不断の無政府状態と周期的痙攣とを終わらせる」ことが、彼の社会主義像の核心であった。彼は社会主義社会は、市場を媒介としない、いいかえれば商品交換なき社会として構想される。彼はいう、「生産手段の共有の上に建設された協同組合的社会の内部においては、生産者は彼らの生産物を交換しない。ここでは生産物に転化された労働はこの生産物の価値としても、またそれらの有する物的性質としても現れない。というのは、今や資本主義社会とは反対に、個人的労働はもはや間接的にではなく、直接に総労働の構成部分として存在するからである。」（「ゴータ綱領批判」）と。ここでは、個々人の労働の社会的有用性は、彼らの生産物が市場でその価値を実現するという媒介的形態をとって証明される必要はないのである。この点で、ミルとマルクスの社会主義像はまったく対立する。

それではマルクスは市場競争に代わって全国の生産を調整・統御する共同計画は、誰がどのように立案すると見ていたのであろうか。彼はその計画は「協議にもとづく」（『資本論』フランス語版）

という。上意下達的な指令的計画が考えられていないことは確かであるが、協議の具体的あり方はこれだけでは分からない。またその計画内容はいかなる経済計算にもとづくものなのか、さらにはその計画の実施はどのような仕方で遂行されるのかといった諸点についても、彼は示唆するに止まり多くのことを語っていない。ミルの場合は、媒介的役割を果たす市場競争は長短両面で多くの歴史的経験を重ねており、経済運営を具体的にイメージしやすい。しかし共同計画による経済運営を説くマルクスの場合は、この課題はむしろ意識的に後代の人々への宿題として残されているのである。アソシエーション論を核にマルクスの思想的復活が試みられる場合にも、この残置された宿題は立ち入って論じられていないように思われる。

D　マルクスにも、幾つかの論点でミルの停止状態論と類縁性を持つ面がある。ただここで問題としたいのは、マルクスがミル経済学を主要な批判対象の一つとしながら、『原理』初版以来論じられてきた停止状態論に、なぜ何の関心も示さなかったのかという点である。多くの経済学者にとっては、無限の経済成長の不可能性を暗黙には認めても、成長率マイナスの衰退的状態はもちろん成長率ゼロの停止状態も、はなはだ愉快でない、希望を失わせる見通しであった。こうして経済成長が至上命令のように追い求められることになる。ミル停止状態論に触れないマルクスもまたこの状況に目をつぶる感情を共有していたのであろうか。問題を社会（共産）主義と停止状態との関連にしぼろう。

マルクスは「ゴータ綱領批判」の中で、将来の共産主義社会を「第一段階」と「より高い段階」とに分け、後者を「個人が分業に従属することがなくなり、それとともに精神労働と肉体労働との対立がなくなり」、「労働がたんに生活のための手段であるだけでなく、労働そのものが第一の生命欲求となり」、「個人の全面的な発展にともなって、またその生産力も増大し、協同組合的富のあらゆる泉がいっそう豊かに湧きでるようになった」社会と特徴づけている。このように富が「いっそう湧きでる」状況であればこそ、分配の原則を各人の「必要に応じて」とすることも可能になる。この段階は彼にとって社会発展の究極の姿であるが、必要に応じた分配が可能となるほどの富と生産力の増大が想定されているのである。太田仁樹は『論戦　マルクス主義理論史研究』（お茶の水書房、二〇一六年）の中で、これをマルクスの「夢物語」と呼んでいるが、この見地からすれば、成長の限界を説くミル停止状態論に関心が示されなかったのも当然というべきであろうか。マルクスには農地や森林の自然破壊の指摘などエコロジー的視点もあるが、その生涯を一貫しているのは、社会発展を欲望の多様化とその拡大、それに対応する生産分野の多様化と生産力の拡大として見る見地であった。その見地が社会（共産）主義論にも継承されているといってよい（拙稿「マルクス・エコロジー・停止状態」（『マルクスの業績と限界』ロゴス、参照のこと）。この点でもミルと対照的である。

宗教と社会主義との共振

村岡 到

1 ソ連邦崩壊後の思索

一九九一年一二月にソ連邦が崩壊した。あれから二八年の歳月が経つ。以後、世界ではさまざまな激動や悲劇がくりかえされてきた。

この年、一〇月に、「社会主義再生への反省」と題する、私の短文（後述の〈A〉〈G〉に収録）が「朝日新聞」の「論壇」に掲載された。その文頭に「八月一九日昼、ソ連のクーデターの報道を聞いたとき、私は〝まさか〟と思った。そうなってほしくないことが起きてしまったからである」と書かれている。続いて「二四日、ゴルバチョフ大統領がソ連共産党解体の声明を発表した。クーデターよりさらに深い衝撃であった」。

私はこの短文で、「社会主義社会を実現するためには、いかなる経済システムを形成し、労働の動機を創造したらよいのか。この問題を最重要な課題として設定し、探究することこそが改めて問われている」と確認し、「いま一つの問題は、革命を政治的に指導する前衛党のあり方である。レーニン時代から不動の原則とされてきた〝一国一前衛党〟論と〝民主集中制〟（この二つは一対のものである）が根本から問い直されねばならない」と指摘し、さらに「党のあり方の問題とは、党の制度的レベルにおいてだけではなく、社会主義をめざして活動する一人ひとりの人間のあり方においてこそ反省されなければならないと痛感する」として、「左翼の中ではあまりにも他人の言説から学ぶことが少ない。党派や学派の垣根によって分断され、論争もなく、それぞれがジャルゴン（専門用語）を発して自己満足している」とも反省し、「このような弱点を深く自覚し、ロシア革命からの七〇年余の歴史を投げ捨てるのではなく、スターリン主義を、〈原罪〉として背負い、これまでの社会主義の思想と理論のどこに見落としがあったのかを再検討することこそが、社会主義の再生の道だと私は考える」と結論した。

私は、この二八年間、この短文で表明した道を一途に探究してきた。「日暮れて途遠し」というが、なお残された課題は多く、新しく気づかされることも少なくない。ここでは、この間に刊行してきたいくつかの自著を列記するだけにする。

一九九六　『原典・社会主義経済計算論争』（編集・解説）ロゴス
一九九九　『協議型社会主義の模索──新左翼体験とソ連邦の崩壊を経て』社会評論社：〔A〕
二〇〇一　『連帯社会主義への政治理論──マルクス主義を超えて』五月書房：〔B〕

二〇〇三『生存権・平等・エコロジー――連帯社会主義へのプロローグ』白順社：〔C〕
二〇〇五『社会主義はなぜ大切か――マルクスを超える展望』社会評論社：〔D〕
二〇〇九『生存権所得――憲法一六八条を活かす』社会評論社：〔E〕
二〇一二『親鸞・ウェーバー・社会主義』ロゴス：〔F〕
二〇一六『ソ連邦の崩壊と社会主義――ロシア革命100年を前に』ロゴス：〔G〕
二〇一七『「創共協定」とは何だったのか』社会評論社：〔H〕
二〇一九『池田大作の「人間性社会主義」』ロゴス：〔I〕

二〇〇一年に、「ソ連邦崩壊後の五冊」として、「法学社会主義の有効性」とタイトルして次の著作を取り上げて短いコメントを加えたことも追記しておく（〔G〕に収録）。どの著作からもその後の思索に強い影響を受けた。

- 広西元信『資本論の誤訳』青友社、一九六六年。
- アントン・メンガー『全労働収益権史論』森戸辰男訳、弘文堂書房、一九二四年。
- 藤田勇『ソビエト法理論史研究』岩波書店、一九六八年。
- 尾高朝雄『法の窮極に在るもの』有斐閣、一九四七年。
- グスタフ・ラートブルフ『社会主義の文化理論』野田良之訳、みすず書房、一九五三年。

二〇一三年の『友愛社会をめざす――〈活憲左派〉の展望』（ロゴス）では、私の創語二五個（歪曲民主政、立候補権、清廉な官僚制など）を説明し、「回想——社会主義五〇年の古稀」を記した。

本論に入る前に、一つだけ明らかにしておく。積年、左翼のなかで大きな争点となってきた七四年間のソ連邦をどのように評価し、結論的に言えばいかに表現したら良いかについてである。ここでは結論を略記することしか出来ない。私は、前記の〔C〕に収録した『ソ連邦＝党主指令社会』論の意義」で、「国家資本主義」論や日本共産党の「社会主義と無縁」論を批判して、「ソ連邦を〈党主指令社会〉と命名することがもっとも適切なのである」と結論した。「党主」は政治制度について「民主政」と対置した「党主政」の略で、「指令」は「指令経済」の略である。詳しくはこの論文を参照してほしい。二年前に、下斗米伸夫氏の『ソビエト連邦史　一九一七—一九九一』を書評した際には、〈社会主義志向国〉でもよいと付記した。[1] この認識は、トロツキー以来の流れを汲むものでもある。

2　宗教を理解する端緒と経路

次に、私が何故、あるいはどのような経路で宗教の問題の重大性に気づき探究することになったのかについて明らかにする。

私は、二〇〇四年末に「愛と社会主義——マルクスとフロムを超えて」を発表した。私は、「愛について言及することはなにか気恥ずかしいことのように思っていた」と告白した上で、「〈愛〉

の大切さを強調するフロムから学ぶ」として、マルクスの理解の弱点を指摘し、さらに、初期マルクスが強調していた「〝疎外された労働〟の対概念は何なのであろうか、という問題」を提起し、キューバ革命の英雄「ゲバラの呼びかけ」に学んで「〈愛ある労働〉となるに違いない」とし、結論として「愛と社会主義との〈調和〉」を提起した（〔F〕）。

翌年、私は「宗教と社会主義――ロシア革命での経験」を書いた。その結論は次のようである。

宗教を〝アヘン〟であるとか、〝偏見〟であるとかと切り捨てることを止めることによって、現実の世界の変革（その核心は、生産関係の変革）を求める社会主義運動と、人間の内面的世界の安心を求める宗教的傾向とは緊密な協力関係を創り出すことができる（〔H〕）。

私はドイッチャーによって、レーニンが革命勝利の直後に「一瞬のためらいもなく〔建神主義を主張する〕ルナチャルスキーを教育人民委員〔文部大臣〕のポストに選任した」と知り、大きなショックを受け、宗教について深く考えなくてはいけないと気づいた（〔H〕）。

この二つの論文を収録した『悔いなき生き方は可能だ――社会主義がめざすもの』（二〇〇七年）をこの時点ではまったく接点のない山田太一さんに、その頃に放映された彼のテレビドラマ「遠い国から来た男」の感想（〔H〕に収録）と一緒に贈ったら、次のような暖かい返事が届いた。

『悔いなき生き方は可能だ』は、村岡さんの個人史、立ち位置が文章と分かちがたくあり、一つひとつの言葉が借りものではなく、村岡さんの語るところとなっていて、読後、一個の人格に接したような感銘がありました。「愛」とか「宗教」とか、科学的記述を損なう輪郭も実体も判然としない世界を、なんとか網の中に捉えようとなさっていること、その努力に胸を打たれるし、その必要もとても感じました（〔H〕）。

その五年後二〇一二年に「戦前における宗教者の闘い」と「親鸞を通して分かること」を書いた。前者では、「治安維持法などで大弾圧された大本教」や新興仏教青年同盟を創った妹尾義郎の闘いを紹介し、「日本共産党と宗教問題」と節を立てて、長く共産党の宗教委員会の責任者でもあった日隈威徳氏が二〇一〇年に著した『宗教とは何か――科学的社会主義の立場』によって、蔵原惟人と宮本顕治の積極的側面を整理した（次節で後述）。

後者の「親鸞を通して分かること」では、「親鸞が〈平等〉をきわめて強く説いたこと」に光を当て、「『真俗二諦』論の罪功」を明らかにした。五木寛之氏の親鸞論にも感動した。私はこの論文を次のように結んだ。

宗教者親鸞は、権力にへつらうことなく、平等を希求して、安穏な生活に安住することなく、ただ苦難の道を歩みながら深く思索し、説いた。この親鸞の〈異端〉の道に、政治者として二一世紀の今日に及ばずながらも連なるにはどうしたらよいのか（〔H〕）。

この時には、親鸞の四九年後に生まれた日蓮の名前しか知らなかったが、日蓮を受け継いで牧口常三郎が一九三〇年に創始したのが創価学会であった。

さらに、一昨年二〇一七年に一九七八年いらい一貫して追求している〈日本共産党との対話〉の一つとして「創共協定」に辿り着き、それをテーマに研究することに進んだ。この問題は第4節で取りあげる。

このような経路をくぐり抜けて、私は〈宗教と社会主義との共振〉を明確にすることが出来た（少し前には「社会主義と宗教との共振」（〈H〉）としていたが、宗教のほうが広く存在していることは明白なので、宗教を先にするほうが良いと気づいた）。本稿では〈宗社共振〉と創語する。

〈宗社共振〉を積極的に展開する前に、回り道とも思えるが、「宗教は阿片」論について明らかにする。

3 「宗教は阿片」論について

A 「宗教は阿片」論の弊害

日本の左翼運動のなかでは、分かりやすく言えば宗教は嫌われてきた。戦前、二〇世紀初めの社会主義運動の創世記には、キリスト者も中心的に活動していた。一九〇一年に創設された、日本最初の社会主義政党「社会民主党」の最高指導者六人のうち五人までがキリスト者であった。だが、しだいに両者は離反するようになった。さまざまな要因が作用したのであろうが、マルクスによる「宗教は阿片」が大きな要因となった。レーニンは、一九〇九年に「マルクスの〔この〕格言は、宗教の問題におけるマルクス主義の世界観全体のかなめ石である」と書いた[2]。

なお、ソ連邦での宗教政策については、本稿では論及できないが、上島武が『ロシア革命史論』（窓社、二〇〇八年）の第二部でそのジグザグした歴史を解明している。

前記の『ソビエト連邦史』に次のような記述がある。

〔二〇世紀初めには〕「多くの革命支持者もまた宗教を重視した」。「多くの労働者が福音書を掲げてソビエト革命に参加していたことは、〝宗教は阿片〟であるとしたソ連期の歴史では完全に無視されてきたが、実際はロシアの古儀式派工場主も労働者もともに異端的宗教を基盤として宗教敵に抵抗しはじめたのである[3]」。

下斗米氏が現地に足を運んで克明に解明している古儀式派の実態については、彼の労作を参照してほしいが、ここではっきりと確認しておくべきことは、ロシア革命における宗教をめぐる動向・歴史的事実が、「〝宗教は阿片〟であるとしたソ連期の歴史では完全に無視されてきた」という重大な裏面である。

こうして左翼の活動家は、「宗教は阿片」を自らの優越性を現わす標語として口にするようになった。共産党の場合にも、次のような問答を「赤旗」に掲載する必要があるほどであった。

二〇〇七年に「赤旗」の「日本共産党　知りたい聞きたい」という常設のコラムに次のような問

答が掲載された。見出しは「共産党は宗教や信仰を否定する政党ではないのか?」と立てられ、「問い」は「日本共産党は宗教を否定する政党ではないのですか。……マルクスは〝宗教はアヘンである〟と言っています」である（〔H〕二四頁）。

宗教を嫌う傾向は、どのような弊害をもたらしたのか。まず、社会主義を志向する運動の幅を大きく狭めることになる。沢山の事例をあげることが出来るが、次の三人の人物を想起しよう。

鈴木大拙の名前は良く知られている。大拙は一八七〇年生まれの著名な仏教学者で、日本の禅文化を海外に広く伝えた。梅原猛は、「近代日本最大の仏教学者」と高く評価していた。守屋友江氏が紹介しているが、戦前一九〇一年に「社会民主党」が結成され、二日後に禁圧された時に、大拙は「社会民主党の結成禁止につきて」というエッセーで「軽挙にして遠大の思慮を欠き、社会の進歩、人間の幸福を無視した」ものだと痛烈に批判した。大拙は、「社会主義を〝二十世紀における社会進歩の最大勢力〟となるものだと評し」た。「それは自らの〝宗教観〟に基づくという。このいわば〈社会主義的仏教〉からすると、〝社会組織の原理は競争にあらずして協和にあり〟、一個人が自分の社会的・経済的地位を利用して他の人びとの生活を圧迫するのではなく、相互に補い合いながら個性を発揮し、〝社会全体の進歩を計る〟ことに社会の理想があるという」と、守屋氏は説明している。「新時代と大乗仏教徒の覚悟」というエッセーでは、「衆生は平等に救われねば虚偽である」と述べ、「経済格差の解消、長時間・低賃金労働の廃止、教育機会の均等、図書館や博物館など文化事業の促進」などを示していた。[4]

鈴木大拙の名前は著名だが、彼が社会主義についてこのように考え、言動していたことはほとんど知られていないのではないだろうか。私は、守屋氏の文章で初めて知った。だが、共産党の党史は、党が創成された一九二二年から始まるから、この貴重な事実は無視される。

もう一人、大拙の一八年後に生まれた賀川豊彦も大きな足跡を残した。彼はキリスト者で戦前から実践的な活動にも深く関わり、敗戦後は生協活動にも加わり、日本生協連の初代会長を務め、社会党にも影響を与えた。賀川は、一九四九年に『人格社会主義の本質』を著し、「人格社会」を理想として提起した。現在も賀川を顕彰する人たちが活動を継続しているが、共産党周辺では話題にはならない。部落解放同盟が、賀川の否定面（満蒙開拓への加担など）を非難することはあったが、彼の肯定面から学ぶことはなかった。[5]

賀川の翌年一八八九年に生まれた妹尾義郎は、一九一五年に日蓮宗の僧侶となり、三一年に新興仏教青年同盟を主導した。新興仏教青年同盟は治安維持法によって三七年に解散させられた。敗戦後は、社会党とも連携し、四八年には仏教社会同盟（その前身は仏教社会主義同盟）委員長となり、五九年末に共産党に入党した。

治安維持法によって徹底的に弾圧された大本教の存在も忘れることはできない。出口なおと出口王仁三郎を教祖として活動した大本教は、戦前の軍部にも信者を広げて影響を拡大し、共産党が誕生する前年一九二一年に大弾圧を受けた。

　これらの大切な事実をしっかりと記録して伝えておけば、大拙や賀川や妹尾や大本教に興味を抱く少なくない人たちを社会主義志向へとつなぐことが出来たであろう（妹尾については党員にもなったので、日隈氏が『宗教とは何か』で項目を立てて明らかにしている）。大本教と妹尾については、「戦前における宗教者の闘い」（〔H〕）で取り上げた。

　もう一つ大きな弊害が起きていた。宗教を嫌う傾向は、〈人間の問題〉を中心的主題として考えることを遠ざける。敗戦後に広く論議を呼んだ「主体性論争」が梅本克己を一方の極として展開された。梅本主体性論については、一九七六年に別名で書いた「梅本主体性論の今日的意義」(6)を参照してほしいが、共産党系の論者は一斉に反発した。梅本は東大倫理学科で和辻哲郎に師事し、一九三七年に書いた卒業論文のタイトルは「親鸞における自然法爾の論理」であった。この論文は、没後に著作集を刊行することになり、発掘されて第九巻の巻頭に納められた。著作集刊行の手伝いをしていた私は、そういう論文があることを知ったが、「じねんほうに」と読むのだと記憶しただけで関心をむけることはできなかった。ネコに小判である。梅本は、四六年の「人間的自由の限界」に続いて翌四七年に発表した「唯物論と人間」の冒頭で河上肇の自叙伝から「絶対的無我という一つの宗教的真理と、マルクス主義という一つの科学的真理とは、私の心の中に牢固として抜くべからざる弁証法的統一を形成しつつ」を引きながら問題提起した。(7)これらが主体性論争の出発点である。この鋭く、かつ重大な問題提起に共産党系の理論家はかみ合って論述することが出来なかった。

近年、といっても二〇〇四年の出来事であるが、こんなことが起きていた。不破哲三委員長が主導して綱領を大改定した、共産党の第二三回党大会の前年に開かれた第七回中央委員会総会で、不破氏は「宗教者」は「統一戦線の構成勢力」ではないと発言した。この発言は、宗教者を共闘から外すという重大な意味をもつ。幸いなことに、大会では党内から起きた批判によって、この誤りは撤回・訂正された。この経過については、日隈氏が『宗教とは何か』の「あとがき」で含みを帯びた筆致で暴いた。撤回・訂正されたとはいえ、党の最高指導者がこれほど重大な誤りに陥っていたとは驚きである。これは、「宗教は阿片」論の不出来な一つの帰結であった。

B　蔵原惟人や宮本顕治は宗教を深く理解

だが、このような安易な宗教嫌いの全体的風潮のなかで、戦後の日本共産党を主導してきた宮本顕治（一九〇八年生まれ）と彼の堅い同志であった蔵原惟人は、宗教について深い理解を保持していた。このことは、忘れることなくしっかりと記憶しておかなくてはならない。

蔵原は一九〇二年生まれで、戦前に獄中体験もあり、戦後は共産党中央の指導者として文化部門の責任者でもあった。父・蔵原惟郭は熊本県で一八七六年にプロテスタントのキリスト教による「熊本バンド」結成の「奉教趣意書」に一四歳で署名し、政治家、教育家、衆議院議員にもなった（「熊本バンド」は同志社に繋がる）。蔵原については、「社会主義と宗教との共振」（〈H〉）で「蔵原惟人の宗教理解の深さ」と項目を立てて説明したからここでは省略する。蔵原は獄中でロシア語の聖書を読破したほどの人である。

一九七五年八月に「赤旗」編集局が主催して「宗教と共産主義についての対話」が七人で開かれ、その最初に「宗教についての日本共産党の立場」とタイトルして、蔵原が話した。蔵原は、直前に公開され話題となった「創共協定」について「大きな反響を呼んでいる」と話しはじめ、「マルクスが〝阿片〟と言った意味は……」として、「確かにマルクスは宗教は阿片であるということを言っています。しかしそれを彼は二五歳の時に書いた『ヘーゲル法哲学批判序説』という論文のなかで一回だけ言っているので、それ以外のところでは一度もこの言葉を使っていません。エンゲルスは私の知るかぎりでは、まったくこの言葉を使っていません」と説明し、「毒薬という意味で使っているのではありません」と話した[8]。

宮本は同じ一九七五年七月に明らかになった「創共協定」について詳しく説明した「歴史の転換点に立って」で「詩人金芝河は、最近、獄中で書いたその『良心宣言』の中で、〝神と革命との統一〟を説いている」と書いていた[9]。また、宮本は、同年七月に行った池田大作氏との対談で、「中道」について口火を切り、池田氏の説明を引き出し、さらに「仏教の原典の中には、……新しい思想としての特徴である弁証法……があるように思います。釈迦の初期の説教といわれている例の〝カッチャーナよ、如来はこれらの辺を捨てて、中（道）によって法を説く〟というのも、その一つじゃないんですか」と噛み合って話していた。[10] 宮本は仏教の原典を、（恐らく獄中で）読み、宗教について深く理解していたのである。

その後は、蔵原の後を受け継いだ日隈氏が前記の『宗教とは何か』を著わした。日隈氏は、「『宗教アヘン』論をどうみるか」という項目で、宮本の論文からマルクスは「単純に宗教自体を軽蔑しているのではない」と引用し、さらに、この「言葉の使用にあたっても、きわめて慎重、厳密でなければならない」という蔵原の解明を引いて、この「言葉が一人歩きをはじめ、それがあたかも共産主義者の常識であるかのようにいわれてきました」が、そうではないと強調する。[11]

ところが、宮本の後を受け継いだ不破哲三氏の場合には、一転して宗教についての理解が浅薄となった。前記のように、彼は、運動の指導の場面でも重大な誤りを犯したのであるが、その誤りは理論的に基礎づけられていた。「宗教は阿片」論について、不破氏は自分がどのように理解しているのか、明確にすることを避けている。「社会主義と宗教との共振」（(H)）で指摘した。

不破氏は、一九七五年末の中央委員会総会で「〝宗教は民衆の阿片である〟ということばで有名なマルクスの初期の論文に『ヘーゲル法哲学批判序説』という論文がありますが、この論文の全体的見地は……」と報告している（『日本共産党と宗教問題』一〇一頁）。問題の一句から「論文の全体的見地」へと論点をズラしている。だが、「赤い帽子を被るFさんは立派な人だ」と言われて、「赤い帽子」の良否について、立派な人が被っているのだから高価なものかもと推測する慌て者は別にして、正確に判断できる人はいないであろう。

不破氏は、蔵原に学ぶこともなく、明確な判断を避けている。このように曖昧な態度を公にしてはばからないほどだから、前記のような重大な誤りに陥るのである。

誤解を招くといけないから付言するが、断るまでもなく、共産党の歩みのなかで宗教者との協力がまったく欠けていたわけではない。キリスト者の小笠原貞子（一九二〇年生まれ）が参議院議員を一九六八年から四期務め、党副委員長を八七年から九四年まで歴任したこともあり、宗教団体との協力も続けられている。「治安維持法で検挙された宗教団体関係者は、一九三五年～四三年だけで一九一一人にものぼっています」と明らかにしたこともある。(12)

4　「創共協定」について

本節では、一九七五年に話題となった「創共協定」について取り上げる。正式名称は、「創価学会と日本共産党との合意についての協定」という。前記のように、「創共協定」についてはすでに二つの論文を書き、著作にも収録している（〔H〕〔I〕）ので、ここでは本稿の問題意識から要点だけに論述を限る。

まず、「創共協定」を結ぶイニシャティブを発揮したのは、創価学会のトップ池田大作氏であり、協定のために交渉した当事者の上田耕一郎が振り返っているように、共産党は終始、受け身であった。「創共協定」は、前年末に秘密裡に締結され、翌年七月に公表されたが、公表と同時に公明党と創価学会の指導部からブレーキが掛かり、結局は「死文化」した。「創共協定」の中身は、「創価学会と日本共産党は独自の組織で、相互理解に最善の努力をする」など六項目からなっている。

ところが、「創共協定」が「死文化」されたために、以後、共産党は「創共協定」を紙屑のように扱い、創価学会を口を極めて非難することになった。共産党は、一九七五年一二月に開かれた第七回中央委員会総会（第一二回大会）で、決議「共・創協定の一年間の経過にたって」と合わせて「宗教についての日本共産党の見解と態度」〔☆〕を採択・決定した。

党史『日本共産党の八十年』では、「創共協定」については「術策」「策略」と非難している。そして、前記の決議〔☆〕を「創共協定」とは切り離し、一八頁も離れて記述し、しかも上田の「宗教テーゼ」や日隈の「宗教決議」というような格上げした記述はしなかった。(13) そして今や、「宗教テーゼ」を覚えている党員はほとんど存在しないであろう。

まず、受動的であったとはいえ、共産党が「創共協定」を締結する方向で対応したことはプラスに評価しなくてはならない。その際、宮本の宗教理解が大きく決定的に貢献したことも見逃すことはできない。蔵原の助言もあったに違いない。蔵原は、前記の一九七五年八月の「宗教と共産主義についての対話」で、直前に行われた宮本の記者会見の言葉を引いた上で、「大きく言えば世界史的な新しい時代が到来しつつある」とまで高く評価している。[14] 上田は率直に「協定は歴史的傑作だった」とか「いい勉強になった。……内容豊かな宗教テーゼが出来た」と振り返っている（〔I〕六六頁）。つまり、「創共協定」を締結するにいたる過程は、共産党にとって大いにプラスになった。人は多くの場合、異なる見地に立つ他者との交流によって自らも成長する。その典型例である。

理論戦線の場だけではなく、この時期には、国会でも共産党と公明党の議員が協力する場面も生まれた。法案成立での協力だけではなく、参議院本会議場の議長席になだれ込んだ男性議員によって押しつぶされそうになった、共産党の女性議員を公明党の議員が助けたことがあった。

だが、創価学会側の背信的言動が強かったのは事実だが、「死文化」後の共産党の対応は誤っていたと判断しなくてはならない。どんな場合でも喩えは一〇〇％適合的とはいえないが、自分の子が人の道に反する行動を起こしても、親ならば突き放して見捨てるのではなく、真っ当な道に戻りなさいと諭すであろう。共産党は一九七六年末には「共・創協定二周年にあたって」で「共・創協定に示された、国民的な合意の探究につながる精神そのものは、現在においても将来においても、けっしてその価値を失わないものです」とまで高く評価していた。[15] そうであれば、事態がどう変化してもそこへの復帰を呼びかけるべきだった。もし、共産党が〈宗社共振〉の視点・方針を取っていれば、この親のように対応したであろう。

5 〈宗社共振〉が生み出す前途

最後に、〈宗社共振〉を明確にすると、何が新しく生み出されるのか。

これまでの論述では、宗教についても社会主義についても特に定義することはしなかったが、ごく簡単に確認したほうが良い。

「宗教」とは、金田一京助監修の『明解 国語辞典』（三省堂、一九五七年）によれば「神・仏などの超人間的・絶対的ものを思慕・崇拝・信仰して、それによってなぐさめ・安心・幸福を得ようとする機能」と書かれている。現実には、「信仰」といってもさまざまな程度があり、毎日、神仏などに拝礼する人もいれば、正月にお寺などで手を合わせるだけの場合もある。貧困（物質的・精神的）や病人や弱者に優しく接する際に、神仏などを心に思い浮かべ、内心の平静を得る心情を宗教的傾向として理解してもよい。

「社会主義」については、『広辞苑』（岩波書店、第三版）では「生産手段の社会的所有を土台としている社会体制、およびその実現を目指す思想・運動」とされ、「狭義には、資本主義に続いて来る共産主義社会の第一段階を指す」と説明。私は、〈資本制経済を超える協議経済を土台に、民主政を充実させ、友愛に溢れ多様性が活かされる社会〉として構想する。この五つのキーワードについて説明する紙数はないので、冒頭に掲げた拙著（〔A〕〔B〕〔C〕〔D〕）の参照を求める。私は一九九九年に「ソ連邦経済の特徴とその本質」（〔A〕に収録）で、クルト・ロートシルトに学んで経済「成長は社会主義の窮極目標ではな」いと明らかにした。

宗教、あるいは宗教的傾向は、現代社会においてもなお依然として大きな影響をもつ広がりを有している。渡部信氏によれば、「世界の宗教人口は、〝総人口約七五億人のうち、キリスト教人口は約二五億人、イスラム教約一八億人、ユダヤ教約一五〇〇万人と言われています〟[16]」。〈宗社共振〉の第一の意義は、宗教というこの大きな存在を社会主義を志向する努力へと繋ぐことが出来ることにある。宗教や宗教的傾向に反発したり敵対するのではなく、親和的に接し会話することが可能となり、必要となる。第3節で、鈴木大拙の「社会主義的仏教」に触れたが、禅宗にとどまらず、親鸞の浄土真宗、日蓮の創価学会、大本教、キリスト教なども広く手を繋ぐことがよりいっそう可能となる。

そこでは〈人間の問題〉別言すれば〈人間の主体性〉について真剣に考え追究することが共通の課題となる。第3節で、親鸞ともからめて梅本主体性論に一言したが、梅本の問題提起に反発するのではなく対話すべきだった。また、創価学会の池田大作氏は「人間性社会主義」を創唱していた（〔I〕で主題として論及）。〈宗社共振〉が明確に意識されていれば、当面する政治課題での協力という次元を超えて、人間的営みの深みにおいて二つ傾向や人びとは理解し合うようになる。

共産党は近年、綱領には書かれていない「個人の尊厳」などを主張するようになった。さらに宗教についても、「宗教テーゼ」を思い出してその理解を深めなくてはならない。

第二の意義は、現実の個別のさまざまな問題・領域に留まることなく、視野を広げ、あるいは特定の視点・考え方・思想に囚われることなく、人間や社会を理解するようになることである。何度も引用しているが、ドイツの法学者グスタフ・ラートブルフは、「社会主義はある特定の世界観に結びつくものではない」と明らかにしていた。[17]このことは、マルクスが主張しマルクス主義の牢固たる信条となっている唯物史観を根本から問い直すことにも通じる。私は二〇〇〇年に「『唯物史観』の根本的検討」で〈複合史観〉を提起した（〔B〕）。唯物史観のように経済を土台・政治を上部構造としてピラミッド型に観るのではなく、社会を球体に譬えると、縦から見た次元を政治、横から見た次元を経済、球体の内実を文化、とする観方である。千石好郎氏によれば、アメリカのタルコット・パーソンズなども同じような考え方を提起しているという。[18]

このように偏見なく広くさまざまな知見を吸収しようとする姿勢は、別にいえば、左翼が陥りがちのセクト主義からの脱却でもある。これが第三の意義である。この点は冒頭に引いた「社会主義再生への反省」で記した反省でもある。

また、〈宗社共振〉を別な視点から考えてもよい。私は二〇一七年に書いた「社会主義への政治経済文化的接近を」（〔H〕）で、次のように明らかにした。

二〇年前に、私は「『まず政治権力を獲得』論の陥穽」（〔B〕）で、マルクスが『共産党宣言』で強調した「まず政治権力を奪う」という主張を真正面から検討し、その誤りを明確にした。そして、この教条がその後、左翼運動を歪めてきたことを批判し、これに代えて〈社会主義への政治的経済的接近〉が必要であると提起した。その後、さらに「文化」も加えて、〈社会主義への政治的経済的文化的接近〉と追加した。

〈社会主義への政経文接近〉をこんな風に表現することも出来る。政治では鋭どさ、経済ではやさしさ（優しさ・易しさ）、文化では豊かさ、が求められる。

こうして、〈社会主義への政経文接近〉とは、別言すれば「他人のためを思う、善意の努力はすべて社会主義に通底する」という姿勢を意味する。「他人のためを思う、善意の努力」には、本人が意識するか否かにかかわらず必ず〈友愛〉が貫かれている。その意味では、社会主義は〈友愛社会主義〉と表現することがベストなのである。

この政治的接近は〈則法革命〉論としてその内実を埋めなくてはならないし（〔B〕）、経済的接近では、〈生存権所得〉（ベーシックインカム。〔A〕〔E〕）や協同組合活動が主要な課題となり、労働組合活動の成長・前進が必要である。

最後に前記の〈多様性〉について一言だけ触れる。〈多様性〉は、二〇〇二年に書いた「多様性と自由・平等」（〔C〕）で明らかにしたように、マルクスやマルクス主義には欠落している概念である。『社会科学総合辞典』（新日本出版社、一九九二年）にも、『マルクス・カテゴリー事典』（青木書店、一九九八年）にも、『新マルクス学事典』（弘文堂、二〇〇〇年）にもこの項目は存在しない。なぜ欠落するのか、その根拠はマルクス主義者はマルクスにならって「自由」や「人間の全面発達」をより好むからである。共産党の志位和夫委員長は「全ての人間の全面発達」を未来社会の指標として強調している[19]（傍点：村岡）。だが、こんなことは絶対に実現しない。「全ての人間が全面発達」すれば個性は消失するから「多様性」も無くなる。学校のクラスで全員が全科目一〇〇点満点を得たとすれば、個人差は消失してしまう。私のこの批判については、森岡真史氏が拙著への書評「マルクス主義の責任の明確化」で「きわめて鋭い指摘である」と評した[20]。

本稿では、〈宗教と社会主義との共振〉をテーマにしたが、〈社会主義像〉をより豊かに提示するための議論の活性化を強く希望して本稿を閉じる。

〈注〉

(1) 村岡到「ロシア革命論・ソ連邦史に新地平」『ロシア・ユーラシアの経済と社会』二〇一七年八月号、七頁。

(2) レーニン「宗教にたいする労働者党の態度について」一九〇九年、全集、大月書店、第一五巻、三九三頁。なお、レーニンは、〇五年には「社会主義と宗教」で「宗教と国家との完全な分離を要求している」（全集第一〇巻、七二頁）。

(3) 下斗米伸夫『ソビエト連邦史　一九一七―一九九一』講談社、二〇一七年、三四頁。

(4) 守屋友江「鈴木大拙の新しさ」:「東京新聞」二〇一二年一〇月二七日。
(5) 稲垣久和「賀川豊彦の社会主義と公共哲学（上）」『フラタニティ』第一三号＝二〇一九年二月。
(6) 村岡到「梅本主体性論の今日的意義」『現代の理論』一九七六年三月号。『日本共産党との対話』稲妻社、一九八二年、に収録。『社会主義へのオルタナティブ』ロゴス、一九九七年、にも収録した。
(7)『梅本克己著作集』第一巻、三一書房、一九七七年、三三頁。
(8) 蔵原惟人編『宗教と共産主義についての対話』新日本出版社、一九七六年、一一頁。
(9) 宮本顕治「歴史の転換点に立って」『文藝春秋』一九七五年一〇月号。注⑿の『日本共産党と宗教問題』に前記の「決議」とともに収録されている。八六頁。
⑽『池田大作・宮本顕治　人生対談』毎日新聞社、一九七五年、三三〜三五頁。
⑾ 日隈威徳『宗教とは何か——科学的社会主義の立場』本の泉社、二〇一〇年、二〇八頁、二一〇頁。
⑿『日本共産党と宗教問題』新日本出版社、一九七九年、四六頁。
⒀『日本共産党の八十年』日本共産党、二〇〇三年、二一〇頁、二一八頁。
⒁ 蔵原惟人編『宗教と共産主義についての対話』一九頁。
⒂『日本共産党と宗教問題』四四頁。
⒃ 渡部信「聖書　5度目の和訳」:「東京新聞」二〇一九年三月三日。〔Ⅰ〕四八頁。
⒄ グスタフ・ラートブルフ『社会主義の文化理論』みすず書房、一九五三年、一三二頁。
⒅ 千石好郎『マルクス主義の解縛』ロゴス、二〇〇九年。本書には「第8章　村岡到社会変革論

の到達点」も収録されている。

⒆　ところが、志位氏は八月八日に行った、党創設九七周年記念講演会での講演で「多様性の中の統一」を英語まで加えて強調した（「赤旗」二〇一九年八月一〇日）。これよりは〈多様性を活かす共闘〉が良いが、「多様性」と発言したことは好ましい。志位氏が近年よく口にする他者への「リスペクト」と合わせてさらに確かなものにしてほしい。共産党については、『共産党、政党助成金を活かし飛躍を』（ロゴス、二〇一八年）を参照してほしい。

⒇　森岡真史書評「マルクス主義の責任の明確化」。村岡到編『ロシア革命の再審と社会主義』ロゴス、二〇一七年、一六一頁。

〈付　記〉

☆引用文中の「　」を〃　〃に変えた場合がある。

☆マルクスをいかに評価するかについても問題にしなくてはならないが、この課題については、「マルクスの歴史的意義と根本的限界」（村岡到編『マルクスの業績と限界――マルクス生誕200年』ロゴス、二〇一八年）で明らかにした。近く「税制欠落の重大性と消費税の諸問題」を発表する。

☆本稿執筆途中に、「赤旗」と一緒に、「明日へ――戦争は犯罪である」と題する映画の上映会のビラが配布。主人公に道を説くのが浄土真宗の僧侶で、練馬区の東本願寺が会場で、呼びかけ人に浄土真宗の僧侶だけでなく、地域の9条の会や共産党練馬区議団など多彩な氏名・団体名が列記されている。このような市民活動の先頭で共産党員が活動していることに敬意を表したい。

あとがき

本書に論文を寄せていただいた三人の執筆者の生年や肩書、主要な著作については巻末に記した。三人とも、私よりは数年前に生まれ、大学の名誉教授となっている。専攻は別で、相互に直接のご関係はなく、私だけがさまざまな形でお世話になっている。

古くからの接点が生じた順に略記する。岡田進さんとは一九九七年に今度の論文でも参照されているA・ブズガーリン氏を日本に招待した時に通訳としてもお世話になり、季刊『フラタニティ』創刊号（二〇一六年二月）いらい「ロシアの政治経済思潮」を連載していただいている。

武田信照さんには一九九八年に『共産党宣言』一五〇年討論会でメインの報告「マルクスとJ・S・ミル」をしていただき、ロゴスから二冊の著作を刊行した。

大内秀明さんには、昨年「マルクス生誕二〇〇年シンポジウム」で記念講演していただき、以後『フラタニティ』の編集委員になっていただいている。

大内さんと武田さんには昨年に刊行した拙編『マルクスの業績と限界』にも執筆していただいた。

この三人の執筆者のお仕事については、それぞれの著作を手にして学んでほしいが、いずれも大切で重要な問題を鋭く明らかにして提起している。

「まえがき」にも一筆したような内外情勢が急転回しているなかで、「社会主義像の探究」がいかなる意味を持つのか、懐疑的にならざるをえないほどに、立ち遅れていることを痛感するが、それでもなお「真理の探究」には意味があると信じたい。

この「あとがき」で触れることが適切かどうかは別として、収録した私の論文を書くことと併行して、「税制」について再考している。八年前に「税制の基礎知識」（〔F〕に収録）で少し論及したが、なぜ、マルクスは『資本論』で税制について明確に論じなかったのであろうか。そのことと、ミルが主張していた「利潤分配制」を問題にしなかったこととは通底しているに違いない。「利潤分配制」は、二〇年前に亡くなった広西元信さんが先駆的に強調していた。彼の死の二年前に、彼からも類書を何冊か貸与していただいて「〈利潤分配制〉を獲得目標に」（『社会主義へのオルタナティブ』ロゴス、一九九七年、に収録）を発表したことがあったが、改めてその重要性に気づいた。税制と合わせて「利潤分配制」について再論したい。

二〇一九年九月二日　日本帝国敗戦の日に

村岡到

著者紹介

・**大内秀明**　おおうち・ひであき　1932 年生まれ
東北大学名誉教授
『恐慌論の形成』日本評論社、2005 年
『ウィリアム・モリスのマルクス主義』平凡社新書、2012 年
平山昇と共著『土着社会主義の水脈を求めて』社会評論社、2014 年
モリス、バックス著・大内監修、川端康雄監訳『社会主義』晶文社、2014 年

・**岡田　進**　おかだ・すすむ　1937 年生まれ
東京外国語大学名誉教授
『ロシアの体制転換――経済危機の構造』日本経済評論社、1998 年
『新・ロシア経済図説』ユーラシア・ブックレット 19、東洋書店、2010 年
『ロシアでの討論――ソ連論と未来社会論をめぐって』ロゴス、2015 年
「ロシア革命とは何だったか」『季論』38 号、本の泉社、2017 年

・**武田信照**　たけだ・のぶてる　1938 年生まれ
愛知大学名誉教授
『価値形態と貨幣』梓出版社、1982 年
『株式会社像の転回』梓出版社、1998 年
『経済学の古典と現代』梓出版社、2006 年
『近代経済思想再考――経済学史点描』ロゴス、2013 年

人名索引（大内 7-30，岡田 31-54、武田 55-78、村岡 79-102）

村岡 到（むらおか　いたる）
1943年4月6日生まれ
1962年　新潟県立長岡高校卒業
1963年　東京大学医学部付属病院分院に勤務（1975年に失職）
1969年　10・21闘争で逮捕・有罪
1980年　政治グループ稲妻を創成（1996年に解散）
ＮＰＯ法人日本針路研究所理事長
季刊『フラタニティ』編集長
主要著作（1996年以降）は本文80頁に

ブックレット ロゴス No.15

社会主義像の新探究

2019年9月15日　初版第1刷発行
編著者　村岡　到　　　発行人　入村康治
装　幀　入村　環
発行所　ロゴス　〒113-0033　東京都文京区本郷2-6-11
TEL.03-5840-8525　FAX.03-5840-8544　http://www18.ocn.ne.jp/~logosnet/

印刷／製本　株式会社 Sun Fuerza

定価はカバーに表示してあります。 ISBN978-4-904350-63-8　C0031

ブックレットロゴス

ブックレットロゴス No. 1　村岡 到 編
閉塞を破る希望——村岡社会主義論への批評　142 頁・1500 円＋税

ブックレットロゴス No. 2　斎藤旦弘 著
原点としての東京大空襲——明日の世代に遺すもの　110 頁・1000 円＋税

ブックレットロゴス No. 4　村岡 到 著
閉塞時代に挑む——生存権・憲法・社会主義　111 頁・1000 円＋税

ブックレットロゴス No. 5　小選挙区制廃止をめざす連絡会 編
議員定数削減ＮＯ！——民意圧殺と政治の劣化　108 頁・1000 円＋税

ブックレットロゴス No. 6　村岡 到 編　西尾 漠・相沢一正・矢崎栄司
脱原発の思想と活動——原発文化を打破する　124 頁・1200 円＋税

ブックレットロゴス No. 8　村岡 到 編
活憲左派——市民運動・労働組合運動・選挙　124 頁・1100 円＋税

ブックレットロゴス No. 9　村岡 到 編　河合弘之・高見圭司・三上治
2014 年 都知事選挙の教訓　124 頁・1100 円＋税

ブックレットロゴス No.10　岡田 進 著
ロシアでの討論——ソ連論と未来社会論をめぐって　132 頁・1200 円＋税

ブックレットロゴス No.11　望月喜市 著
日ソ平和条約締結への活路——北方領土の解決策　124 頁・1100 円＋税

ブックレットロゴス No.12　村岡 到 編　澤藤統一郎・西川伸一・鈴木富雄
壊憲か、活憲か　124 頁・1100 円＋税

ブックレットロゴス No.13　村岡 到 編　大内秀明・久保隆・千石好郎・武田信照
マルクスの業績と限界　124 頁・1000 円＋税

ブックレットロゴス No.14　紅林 進 編著　宇都宮健児・田中久雄・西川伸一
変えよう！選挙制度——小選挙区制廃止、立候補権を　92 頁・800 円＋税

ブックレット ロゴス No.3、No.7 は品切れ